비전문 상담자를 위한
상담학

비전문 상담자를 위한 상담학

요셉 무어 지음 전요섭 옮김

FOR THE NONPROFESSIONAL COUNSELOR
HELPING SKILLS

: 차 례 :

1장 상담이론 〉〉〉11
칼 로저스 학파의 상담이론 | 기독교적 견해 | 경청과 조언

2장 치료하라 〉〉〉31
비판적인 태도를 가져서는 안 된다 | 도전

3장 상담의 실제: 비언어적 의사소통 〉〉〉45
적극적인 경청 | 일관된 초점 | 응답하는 기술 |

4장 분노 분석 〉〉〉63
분노 점검

5장 질문하기 >>>71
개방적 질문과 폐쇄적 질문 | 훌륭한 상담자가 피해야 할 것

6장 위기 개입 >>>81
특별히 살펴보아야 하는 문제

7장 집단상담 >>>107

8장 칼 로저스 이론의 한계 >>>113

9장 예수의 상담 >>>119

: 이 책을 읽는 사람들에게 :

 오늘날 많은 사람들이 교회에서 여러 가지 활동을 하거나 직분을 갖고 있기 때문에 다른 사람들을 상담하거나 돕는 경우가 많이 있다.

 우리는 환자를 방문하는 사역을 하거나 아니면, 교회학교 교사, 교회학교 감독자, 청소년 사역자, 청소년 단체 지도자, 또래집단 사역자 등 그 밖의 다양한 프로그램의 사역자 일 수 있다. 또는 별거, 이혼한 신자들을 돌보는 사역을 하고 있을지도 모르고, 사별을 당한 신자들을 후원하는 집단에서 사역할지도 모른다. 때때로 우리는 교회공동체 내에서 어떤 역할을 감당할 때마다 상담자나 돕는 자로서 다른 사람을 지원하고 있다.

 돕는 자로서 우리는 자신이 생각했던 것보다 더 많이 도움을 필요로 하는 사람들과 관계를 맺고 있다. 개방적이고 따뜻한 사람, 다른 사람을 판단하지 않고 잘 돌보는 사람, 그리고 훌륭한 경청자의 자질을 갖추고 있는 사람이 교회 공동체에서 다른 사람들에게 도움을 주기 위해 필요한 사람이다. 이 책을 읽는 많은 사람들은 조언이나 상담을 받기 위해 다가오는 많은 사람들을 대하게 될 것이다. 그것은 독자가 존경받을 만한 인격적 자질을 소유하고 있기 때문이다.

따라서 처음에는 누구라도 우리를 상담자로 받아들이도록 마음을 편하게 하고 즐거워해야 한다. 우리는 상담기법에 지나치게 신경을 써서는 안 된다. 이러한 것들은 경험이나 훈련을 통해서 얻을 수 있고, 본서와 같은 책들을 읽음으로써 얻을 수 있다. 상담기법의 부족으로 낙심해서도 안 된다. 인격적 자질보다 상담기술을 얻는 것이 훨씬 더 쉬운 일이다. 그러므로 독자는 효과적인 상담자가 될 수 있는 잠재력이 충분히 있다고 스스로 긍정적으로 생각하면서 이 책을 읽기 바란다.

요셉 무어

상담이론

상담이론

 어떻게 하면 내면으로부터의 자유와 평화 그리고 행복을 얻을 수 있을 것인가에 대해서 20세기 초반부터 상당히 많은 상담이론들이 대두되어 왔다. 정신분석학의 창시자이며 오스트리아의 의사였던 시그문드 프로이드(Sigmund Freud)의 이론이 최초의 이론이라고 할 수 있다. 그의 이론 가운데 하나는 왜 인간의 성격이 다른 사람과 서로 다르고 독특한 양상을 띠는지를 간파하기 위해서는 어린 시절의 기억들을 회상해야한다는 것이다. 정신분석학을 통해서 우리는 어린 시절의 경험이 중요하다는 것을 이해할 수 있게 되었고 우리의 미래를 선택할 수도 있다는 있게 되었다.

알버트 엘리스(Albert Ellis)는 합리적 정서행동치료의 창시자이다. 엘리스와 같은 인지치료자들은 부정적인 생각이 인간을 불행하게 하고 자유롭지 못하게 한다고 주장했다. 사람은 자기 자신이나 다른 사람에게 하는 말로 인해 곤란에 빠지기도 하고 반대로 곤란한 상황으로부터 빠져나오기도 한다. 그러므로 합리적 정서행동치료자들은 내담자가 갖고 있는 생각 가운데 "나는 매력적인 데도 없고, 똑똑하지도 않고, 쓸모가 없는 존재야!"라는 자학적인 말과 생각들을 하지 못하게 하고, 긍정적으로 더 밝은 미래를 바라보며 좀 더 합리적인 생각을 하라고 주장한다.

행동주의는 다른 사람을 돕는 데 있어서 실제적인 접근을 강조한다. 벌허스 스키너(Burrhus F. Skinner)에 의해 창시된 행동주의는 다른 사람이 한 행동에 대해서 긍정적인 결과에는 보상하는 방향으로, 부정적인 결과에는 처벌하는 방향으로 행동할 것을 주장했다. 이를테면 학교 식당에서 정신적으로 박약한 아이들이 정상적인 아이와 같은 행동을 보인다면 식권을 주고, 여전히 모자라는 행동을 보인다면 식권을 주지 않는 것이다. 스키너의 이론은 먼저 내적인 태도를 바꾸려고 하기보다는 내적인 변화를 위해서 긍정적인 결과에 보상하는 방향 또는 부정적인 결과에 처벌하는 방향으로 먼저 외적인 행동이 변해야 한다고 주장한다.

현실치료라는 것은 1957년에 정신과 전문의 과정을 이수하던 윌리암 글래서(William Glasser)가 전통적인 프로이드의 심리치료법에 만족을 얻지 못하고 나름대로 연구한 끝에 창시한 이론이다. 글래서의 이론은 다른 사람의 욕구 충족을 방해하지 않으면서 자신의 욕구를 충족시키는 개개인의 책임감에 기초를 두고 있다. 현실치료로 상담할 때는 사람들로 하여금 일상생활에서 실제 있었던 일에 대해 이야기를 하도록 유도한다. 그리고 현실치료자들은 내담자가 자신이 할 행동을 직접 선택해야 하는 것이라고 이해하도록 돕고, 그들의 건강에 이롭지 못한 부정적인 생각이나 행동 등을 분리하여 그들의 삶을 향상시키도록 돕는다.

미국의 인본주의 심리학자 칼 로저스(Carl R. Rogers)는 상담할 때 내담자가 스스로 생각할 수 있도록 비지시적이어야만 한다고 주장했다.

우리가 지금까지 살펴본 이론들은 물론, 여기서 살펴보지 않은 이론들도 모두 나름대로의 객관성과 타당성이 있는 것들이다. 정규 과정을 이수한 전문적인 상담자들 대부분은 여러 가지 상담 및 심리치료 기법들을 절충 또는 통합해서 사용하고 있다. 즉 그들은 내담자에 따라서 어느 한 이론에 더 치중하는 면은 있지만 도움이 될 만한 훌륭한 이론들을 취사선택하여 사용하고 있는 것이다.

대체로 많은 사람들이 로저스의 이론을 따르고 있는 것 같다. 이해하기 쉽기 때문에 가장 보편적으로 알려져 있는 것이다. 본서는 로저스의 이론을 기초로 해서 다른 이론들을 적용, 응용하는 통합적 접근방법을 취하였다. 만약 다른 이론들을 참조하기 원한다면 도서관이나 서점 등에서 얼마든지 다른 이론을 지지하는 자료들을 찾아옴으로써 상담방법에 대한 다양한 지식을 습득할 수 있을 것이다.

칼 로저스 학파의 상담이론

로저스의 저서 「상담과 심리치료(Counseling and Psychotherapy)」[1]에서는 상담자가 내담자에게 특별한 대화의 방향을 지시하기보다는 내담자 스스로가 상담할 문제의 주제들을 순서대로 정렬해서 상담에 임해야 한다고 주장했다. 로저스 이론은 상담자가 내담자에게 비지시적일 것, 즉 무엇을 할 것이며 어떻게 문제를 해결할 것인가를 알려주지 않는다는 것에 기본을 두고 있다.

상담자의 역할은 오직 주의 깊게 듣는 것이다. 로저스의 이론에서 주의 깊게 경청하는 것은 상당한 인내심과 훈련을 필요로 하는 상담기술이다. 내담자의 이야기를 주의 깊게 경청하는 것은 상담자가 내담자에게 줄 수 있는 가장 아름다운 선물임에 틀림없다.

기독교적 견해

상담기술을 사용하는 기독교인은 마음의 평안과 궁극적인 행복이 오직 예수 그리스도를 통해서만 얻어진다는 사실을 명심해야 할 것이다. 우리는 부흥회 모임이나 알코올 중독자 치료모임(AA)과 같은 프로그램에 참여할 수도 있고, 다양한 상담 및 심리치료를 받아서 좀 더 행복하고 자유로운 사람이 될 수도 있다. 또한, 대인관계에 있어서 자신의 감정을 잘 분석하여 보다 훌륭한 의사소통을 할 수도 있다.

그러나 자기 자신에게 접근하는 이러한 방법들로는 결코 예수 그리스도를 믿는 사람들이 받는 수준의 행복과 평안을 얻을 수가 없다. 모든 상담 및 심리치료사들은 내담자에게 일정한 수준의 해방감만을 약속할 수 있다. 상담자는 기독교상담이라는 이름으로 내담자들에게 일방적인 지시와 같은 설교를 하지 않도록 주의해야 한다. 상담자는 오직 상담자일 뿐이지 구세주가 아니며, 사실상 어느 정도까지만 내담자를 도울 수 있고, 그 나머지 부분은 내담자와 하나님께 달려있다는 것을 항상 기억하는 것이 중요하다. 아우렐리우스 어거스틴(Aurelius Augustine)은 그의 저서 「고백(Confessions)」에서 "인간의 마음은 오직 하나님 안에서만 진정한 평안을 얻을 수 있다"고 말한 바 있다. 우리가 사는 이 세상이 점점 더 불행해져 가고 있는 이유 중의 하나는 많은 사람들이 하나님을 모른 채 살아가고 있기 때문이다.

사람들에게 하나님을 알게 하기 위해서 상담자가 상담하는 도중 어느 시점에서 그들에게 기도하고, 성찬에 참여토록 하며, 회개를 촉구하도록 인도하고, 성경을 읽어주거나, 여러 가지 교회의 행사에 참여하라고 충고를 할 수도 있다. 그러나 이러한 제의들은 항상 부드럽게 해야만 하며 내담자의 상한 감정을 치유하는 데에 도움이 될 것이라는 확신이 있을 때에만 해야 한다. 상담자는 자신의 상담태도를 통해서 내담자가 여길 수 있는 예수 그리스도의 가장 훌륭한 이미지를 보여주도록 해야 한다.

테레사(Teresa) 수녀의 기도문 가운데 다음과 같은 아름다운 기도가 있다.

사랑의 주님!
우리가 어디에 있든지
주님의 향기로움을 느낄 수 있도록
도와주소서!
우리의 영혼을 주님의 뜻과 삶으로
넘치게 하소서!
우리의 마음을 살피시고
모든 것을 주관하셔서
우리의 삶이
주님의 광채로 빛나게 하여 주소서!
우리를 통해서 빛을 발하시고
항상 우리의 마음속에 계셔서
모든 영혼들이
언제나 주님과 함께 하심을
느낄 수 있도록 하여 주소서!

그들이 항상 오직 주님만을 우러러보고

갈망하도록 하여 주소서!

주님이 우리와 함께 계실 때

주님이 빛을 발하는 것처럼

우리도 빛을 발할 것이며

주님이 빛이 되시는 것처럼

우리도 빛이 될 수 있을 것입니다.

오! 그 빛은 모두

주님에게서만 나오는 것입니다.

그 빛은 다른 어떤 사람에게서도

나올 수 없습니다.

우리를 통해서

많은 사람들에게 빛을 발하소서.

우리의 주위에 있는

모든 사람들에게 빛을 발하셔서

주의 크신 사랑을 보여 주소서!

우리가 말뿐이 아닌 모본으로써

말씀을 전할 수 있도록 하여 주시고

우리의 마음이 진실되고도 풍만한 사랑으로

주님께 향하여

우리가 행하는 모든 일에

주님의 긍휼하심을 발하셔서

감화를 받을 수 있는 말씀을

전할 수 있도록 도와주소서! 아멘![2)]

경청과 조언

진(Jean)이라는 여성은 결혼문제로 필자를 찾아왔는데 자신은 남편과 절대로 이혼할 수 없다고 했다. 그녀에게는 두 번째 결혼이어서 또 다시 실패하고 싶지 않았던 것이다. 그녀는 집의 소유권을 비롯해서 사립대학교에 다니는 두 아들의 수업료를 부담하는 문제 등등, 재정적으로도 남편과 얽혀 있었다. 그러나 이미 그들 사이에 사랑은 식었으며 남편은 몇 해 전부터 다른 여자와 깊은 관계를 맺고 있었다. 그녀는 자신이 어떻게 해야 되겠느냐면서 상담을 요청

해 왔다.

이런 상황에서 상담자가 하게 되는 가장 유혹적인 대답은 조언일 것이다. 그러나 이것은 상담자가 줄 수 있는 최소한의 도움에 불과한 것이다. 훌륭한 상담자는 조언이라는 것이 내담자에게 별다른 도움이 되지 않을 것을 알고 하지 않는 경우가 많이 있다. 로저스의 이론에 의하면 상담자가 가져야 할 태도는 '무조건적인 긍정적 사고'이다. 그가 말한 것들을 살펴보면 다음과 같이 요약될 수 있다.

① 상담자는 내담자가 "할 수 있다"고 말하도록 해야 한다.
② 상담자는 내담자가 "할 수 있다"는 생각을 갖도록 해야 한다.
③ 상담자는 내담자가 행복을 위한 선택을 할 수 있도록 해야 한다.

만약 상담자가 내담자인 이 여성에게 무엇을 해야 하는지 조언을 했다면 몇 가지 실수를 하게 되는 셈이다. 첫째로 그녀에게서 혼란한 마음을 툭 털어놓고 말할 기회를 빼앗게 되는 것이며, 둘째로 자신의 삶을 자신이 직접 선택하는 기회를 빼앗게 되는 것이다. 그리고 셋째로 상담자의 그 조언은 이러한 상황에서 적당한 조언이 아닐 수도 있다는 것이다. 상담자가 그녀에게 한 조언이 잘못되었다면 그 책임을 누가 져야 할 것인가? 그렇기 때문에 상담자는 내담자에게 조언을 요청 받을 때 조심해야 되는 것이다.

> 내담자: 이런 상황에서 제가 어떻게 해야 되겠습니까?
> 상담자: 글쎄요. 저도 뭐라고 말씀드릴 수가 없습니다.
> 내담자: 그러면 제가 어떻게 했으면 좋겠는지 조언이라도 좀….
> 상담자: 그 점에 대해서 대답을 드릴 수가 없군요.
> 내담자: 그럼, 당신이 제 입장이라면 어떻게 하시겠습니까?
> 상담자: 글쎄요. 저는 당신이 아니고 사람마다 생각하는 것이 다르기 때문에 다른 사람에게 이렇게 하라, 저렇게 하라고 말하기란 쉬운 일이 아닙니다.
> 내담자: 그래서 당신은 지금 저를 도울 수 없다는 말씀

이신가요?

상담자: 그렇지 않습니다. 저는 지금 그 해답이 바로 당신 자신에게 있다고 말씀드리려는 겁니다. 지금 그것이 많은 혼란 속에 파묻혀 있지만, 당신이 겪고 있는 혼란들을 저에게 더 자세히 말씀해 주신다면 당신은 그러한 절망적인 상황으로부터 적절한 해결책을 찾을 수 있을 것입니다.

내담자가 요청하는 조언을 피하는 데에는 몇 가지 원칙이 필요하다. 심지어 사람들이 조언을 필요로 하는 것 같이 보이더라도 실제로는 조언을 원하지 않을 수도 있다는 사실을 명심해야 한다. 내담자가 어떤 문제에 대해서 친구나 상담자에게 도움을 청하러 갔을 때를 생각해 보아야 한다. 정말로 그들로부터 조언이나 의지할만한 공감 혹은 격려를 원했었는가? 아니면 진실로 자신의 고민을 다른 사람에게 속 시원하게 털어놓을 필요가 있었기 때문에 상담을 했었는가?

이 책을 읽고 있는 우리들은 이미 상담자인데, 상담자는 내담자의 심리적 외상이나 마음의 상처를 치유해 주고 모든 사람들을 회복시켜 줄 수 있다는, 마치 상담을 만병통치약처럼 여기는 환상으로부터 벗어나야 한다. "고통을 없애 주는 유일한 방법은 그것을 통과해 내는 것!"이라는 옛 속담은 엄연한 사실이다.

상담자가 충분히 책임을 질 수 있는 마음의 결정을 내릴 때에는 그것이 옳을 수도 있고 그릇 될 수도 있다는 양립성을 인식하고 그 결과에 대한 두려움과 불안감 등을 감수해야만 한다. 상담자로서 이런 특별한 고통을 겪고 있는 사람들의 심정이 과연 어떤 것인지 알기 위해서는 그 사람의 입장에 서 보는 것이 가장 좋을 것이라고 강조하고 싶다. 그러나 동시에 이러한 사람들을 대하면 대할수록 충고만으로는 그들을 위로할 수 없으며, 나 자신이 그 사람들의 상처받은 감정을 체계적으로 정리하도록 도와줄 수 없다는 것을 깨닫게 된다.

대부분의 사람들은 자신의 감정에 대해서 분명하게 인식하거나 분석하지 못하며, 그것들을 체계적으로 정리하지도 못하고 있다. 대부분의 사람들은 자신의 감정보다는 이성에 더 의존하려는 경향이 있다. 어떠한 선택을 할 때 찬성 또는 반대하는 이유를 종이 한 장에 꽉 채울 만큼 써 본 경험이 있는가? 물론 그런 경험은 별로 없을 것이다. 왜 그럴까? 그것은 감정을 배제한 이성 자체에만 기초를 둔 시도이기 때문이다.

어떤 상담자에게 이혼을 결심하고 찾아온 한 여성이 있었다. 그녀는 계속해서 결혼생활을 지속시켜 나가야 할 이유로서 20가지를, 이혼해야 할 이유로서 3가지를 들 수 있다고 말했다. 그러나 마음이 이혼하는 쪽으로 더 끌린다고 했다. 물론 그럴 수도 있는 일이다.

프랑스의 수학자이자 철학자인 블라이즈 파스칼(Blaise Pascal)은 "우리의 정신은 이성을 가지고 있다. 그러나 그 이성은 누구도 알지 못한다."[3]라고 말했다. 그렇기 때문에 위와 같은 상황에서 그 여성은 이혼이냐 아니냐는 혼란한 양립성에 대해 상담자는 그녀에게 무엇을 하라고 조언하는 것보다 그 여성이 이성뿐만 아니라 감정까지 자신의 이야기를 충분히 할 수 있도록 격려할 필요가 있다.

이렇게 자신이 느끼는 심리적 상태를 말로 표현함으로써 비로소 상담자와의 진정한 대화가 이루어질 수 있을 것이다. 그러나 그렇게 하는 데에는 몇 달 혹은 1년 이상이 걸릴지도 모른다. 이 여성이 해방감을 점차 누리기 위해서는 스스로 결정을 내리고 자신이 갈망하는 바를 밖으로 표출할 필요가 있다.

지금 그 여성은 복잡한 감정으로 인해 어떤 결정을 내리지 못하고 있다. 그녀가 자신이 처해 있는 상황을 상담자에게 더 자세히 설명하고, 의심이나 두려움, 수치심 등 미래에 대한 희망을 자세하게 이야기할 때 비로소 그녀는 행복해지기 위해서 자신이 해야 할 일을 깨닫게 될 것이다. 내담자가 문제를 해결하기 위해서는 자신의 내면 깊은 곳에 숨어 있는 감정을 찾아내어 그것을 주의 깊게 잘 들어주는 경청자(상담자)에게 이야기를 함으로써 가능해지는 것이다.

다음 단계는 결정을 내리는 것이다. 사람이 힘을 모으고 해야 할 일을 하거나 받아들여야 할 것을 받아들이는 데는 많은 시간이 걸리기 마련이다. 이것이 바로 그 여성에게 훌륭한 선택을 내리도록 하기 위해서 앞으로 몇 달에 걸쳐 만나야 할지도 모른다고 말한 이유이다. 그러나 꼭 오랜 기간이 걸리는 장기 상담 및 심리치료 기법이 상담의 전형적인 방법이라고 말할 수는 없다. 실제적으로 장황한 상담 및 심리치료 기법은 비전문적인 상담자에게는 적합한 것이 아니다. 대부분의 목회자들이 하는 상담은 특별한 목적을 이루는데 시간이 별로 걸리지 않을 것이다. 오랜 기간의 도움이 필요할 것 같으면 상담자는 내담자를 상담 분야에서 전문 지식을 가진 다른 상담자에게 보내야만 할 것이다. 위에 언급된 여성의 경우에는 그녀 혼자, 혹은 남편과 동행하여 결혼문제 상담소를 찾도록 권유할 수도 있을 것이다.

결국 목회자는 훌륭한 경청자(상담자)가 될 수 있지만 상담자는 내담자와 절친한 친구 사이가 아닌 이상, 조언을 한다는 것이 쉬운 일이 아니라는 것을 이해하게 될 것이다.

예를 들어 위의 여성이 상담자의 누이라면 상담자는 그녀에게 어떻게 하라고 구체적으로 충고할 수 있을지도 모른다. 아마 이런 가까운 위치에 있다면 상담자는 그녀의 남편을 혐오하면서 그녀에게 남편과 헤어지라고 할 것이다. 바로 이런 것이 가까운 친구나 가족들을 상담하는 것보다 알고 지내는 사람을 상담하기가 훨씬 쉬운 이유이다.

상담자가 내담자에게 감정적으로 밀접하게 연관되어 있으면 객관성 및 중립성을 잃어버리기가 쉽다. 그렇다고 해서 내담자가 상담자와 밀접한 친분관계에 있기 때문에 현재의 문제를 해결하는 데 있어서 상담기법을 사용하지 못한다는 말은 아니다. 다만 어떤 특별한 상황에서 상담자가 주관적이 될 가능성이 많이 있기 때문에 좀 더 현실적이고 객관적이며 중립적이 되어야 할 필요가 있다는 말이다. 때때로 이러한 상황에서 상담자가 해야 할 역할은 단순히 내담자를 전문상담자에게 보내는 것이거나 아니면 적어도 그 상황 및 감정과 전혀 연관되지 않은 다른 어떤 사람에게 보내는 일뿐이다.

2장

치료하라

치료하라

어떻게 하면 특별한 상담기술을 개발할 수 있을 것인가에 대해서 논의하기에 앞서 상담 경험이 상담자에게 어떤 중요한 역할을 하는지 논의해 보자. 상담자의 경험이 상담자에게 성장할 좋은 기회를 제공하는 것은 분명하다. 전문적인 상담자가 되고자 연구하는 사람들은 대개 교육과정의 한 방편으로서 자신에게 직접적으로 상담 및 심리치료를 적용시켜 본다. 상담자는 특별히 통찰력을 갖고 자신을 자세히 살펴봄으로써 일반적인 인간의 본성을 이해할 필요가 있다.

비록 인간이 유일무이한 존재이기는 하지만 우리가 심리적으로 경험하는 고난과 행복에는 보편성이 있다. 만약 사람들이 자신을 움직이게 하는 것이 무엇인지 깊이 깨닫게 된다면 다른 사람들을 더욱 효과적으로 도울 수 있을 것이다. 그러나 우리가 자기 자신도 모르고 지내는 사람이라면 다른 사람 또한 모르고 지낼 수 밖에 없다. 자신이 약점과 신경증과 부자유스러움을 지닌 한 사람에 불과하다는 것을 깨닫는다면 다른 사람들도 또한 약한 인간에 불과하다는 사실을 더 잘 이해하게 될 것이다.

이것이 바로 다른 사람이 자신에게 말하고 있는 상황을 자신에게 적용시키려고 노력하는 이유이다. 만약 앞서 언급된 여인이 이혼하기 원하는 이유를 우리에게 말하고 있다면 우리는 그것을 통해서 우리의 결혼생활이나 다른 대인관계를 통해 재조명해 보게 될 것이다.

헨리 나우웬(Henri Nouwen)이라는 작가는 목회자를 일컬어서 "상처받은 치료자"[4]라고 말했다. 상담자는 내담자가 겪는 고통이나 곤란을 함께 공유함으로써 그들을 치유하고 회복할 수 있는 자이다. 상담자와 내담자 상호 간에 자신의 실패담이나 연약함, 의혹이나 두려움 등을 고백함으로써 상담자는 역설적으로 내담자에게 인생이라는 기나긴 여행을 헤쳐 나갈 수 있는 힘을 제공할 수 있는 것이다. 다시 말해서 상담자라고 해서 반드시 내담자보다 뛰어나야 한다고 말할 수 없으며, 오히려 인생에서 행복과 자유라는 공통된 목표를 추구하는 같은 길을 걷는 동료라고 할 수 있다.

미국 젊은이들 사이에 인기인 또래 상담(peer counseling)의 개척자 바바라 바렌호스트(Barbara Varenhorst)는 누가복음 10장 29절에서 37절에 나오는 선한 사마리아인의 비유로부터 얻을 수 있는 한 가지 교훈은 '희생자가 있음으로 해서 훌륭한 이웃이 생길 수 있었다'는 것이라고 말했다. 사마리아인은 박해를 받는 민족이었기 때문에 길가에 쓰러져 있는 부상당한 사람에게 즉각적인 동정심을 느꼈을 것이다. 만약 우리가 자신의 고통과 불완전함을 충분히 느끼고 있다면 심지어 자신과는 비록 그 원인이 다른 데 있을 지라도 다른 사람의 고통도 쉽게 느끼게 되는 것이다.

그러나 때때로 상담자가 내담자의 문제를 너무 잘 알고 있기 때문에 상담하는 데 있어서 효과적이지 못할 때도 있다.

예를 들면, 몇 해 전 겨울에 필자의 부친이 뇌종양으로 돌아가셨었다. 그런데 어느 날 한 내담자가 부모의 치명적인 질병으로 인한 문제를 갖고 필자를 찾아 온 적이 있었다. 아버지를 여읠 때의 슬픔이 여전히 내게 남아 있었기 때문에 필자는 그에게 뭐라고 말할 수 없었다. 필자는 그 내담자에게 간단하게 그때의 그 기억이 너무도 생생하고 그 슬픔이 지금도 느껴지기 때문에 이 문제에 대해서 이야기할 수 없다고 말했다. 그러고 나서 필자는 그를 다른 상담자에게 보낸 일이 있었다. 지금은 아버지가 돌아가신 지 꽤 여러 해가 지났기 때문에 치명적인 질병으로 고생하시는 부모문제로 필자를 찾아오는 내담자가 있다면 대환영이다. 사실은 필자가 이러한 경험을 했고, 시간이 지나면서 점차 치유가 되었기 때문에 필자는 앞으로 이러한 곤경을 겪는 사람들에게 이상적인 상담자가 될 것이라고 생각한다.

비판적인 태도를 가져서는 안 된다

상담을 하는 데 있어서 또 한 가지 주의해야 할 점은 일방적으로 비판적이 되지 말라는 것이다. 일방적으로 비판적이 되는 것과 판단하는 것에는 많은 차이가 있다. 대부분의 사람들은 누구나 항상 끊임없이 판단하면서 산다. 즉 자신이 좋아하는 것이나, 좋아하지 않는 것, 이렇게 할 것인가 아니면 저렇게 할 것인가, 해야 할 것과 하지 말아야 할 것 등 그 예는 매우 다양하다. 사람들의 판단은 자신의 취향, 기호, 우선권, 가치, 도덕적 규율 그리고 기독교인으로서의 신앙에 기초를 두고 있다. 그렇기 때문에 사람들은 끊임없이 무엇인가를 판단하면서 살아간다는 것이다.

그러나 일방적으로 비판하게 되는 것은 다른 사람의 행동과 태도에 대해서 헐뜯는 성격을 지녔다는 것을 나타내 준다. 이것은 다른 사람의 동기, 제한, 심리적 성격과 도덕성 등을 일방적으로 가정하는 것이다. 판단하는 것은 당연한 것으로 받아들일 수 있다. 그러나 비판적인 사람이 되는 것은 상담자나 기독교인 모두에게 받아들여질 수 없는 일이다. 예수 그리스도는 온 세상을 다 둘러보아도 일방적으로 비판하시지 않는 분이시다. 그분은 항상 유대인과 비유대인의 사회에서 소외되고 고립된 사람들과 함께 거하셨다. 성경에 기록된 내용 가운데 간통죄로 인해서 사람들에게 돌팔매질을 당하여 죽기 직전의 위기에 놓여 있던 한 여성을 생각해보자. 예수 그리스도께서는 그녀에게 다가가서 다시는 죄를 짓지 말라고 말씀하심으로써 판단을 하셨다. 그러나 그분은 그 여성을 멸시하거나, 욕하지 않으셨으므로 일방적으로 비판을 하지 않으신 분이시다.

대부분의 상담자는 상담 현장에서 내담자의 충격적이거나 혐오스러운 이야기 또는 일반적인 도덕관념과는 거리가 먼 이야기들을 듣게 된다. 성폭행이나 근친 강간, 육체적 혹은 성적 학대, 낙태, 동성연애나 약물 복용 등에 대해서 들을 수도 있다. 또 자살 기도나 사기를 당한 이야기, 범죄 등에 대한 이야기도 들을 수 있다. 이런 이야기를 듣게 되면 상담자는 내담자의 그러한 솔직함과 그 내용에 대해서 놀라거나 충격을 받게 될 수 있다. 하지만 모든 내담자가 그런 말이나 의도 등을 솔직하게 표현하는 것은 아니다.

내담자가 자신의 속내를 솔직하게 표현하지 못하거나 안 했다고 해서 그것을 비난해서는 안 된다.

예를 들어, 필자가 시무하는 교회에 다니던 16살 된 로니(Ronnie)가 낙태 수술을 받으려 하는데 그 돈을 교회 청년부가 모금하여 줄 수 있는지를 물으러 왔던 일을 잊을 수가 없다. 또한 조카가 필자에게 5년 동안 마약에 탐닉했었다는 고백을 한 그 날을 결코 잊을 수가 없다. 이런 것들은 정말로 필자를 놀라게 했지만 이런 놀라움과 충격적인 반응이 비판하는 것으로 오해받을까 두려워서 될 수 있는 한, 냉정하고 태연해지려고 노력했다. 물론 필자는 낙태나 마약 탐닉이 기독교인으로서의 신앙과 삶의 가치에 역행하는 것이라고 마음속으로 판단을 하고 있었다. 그러나 그들을 나쁜 사람이라고 여기며, 멸시하거나 비난하지는 않았다.

필자는 나이가 점점 들어감에 따라서 자신의 인간성을 더 잘 알게 되었고, 다른 사람이 살아가는 이야기에도 더 귀를 기울이게 되었으며, 조금은 덜 비판적인 성격을 갖게 되었다. 고대 철학자인 테렌스(Terence)는 "나는 사람이다. 따라서 어떤 사람도 나에게 이방인이 아니다."[5]라고 말했다. 필자는 다른 사람들이 하는 행동이나 일을 똑같이 할 수는 없을 것이다. 그러나 그들의 그러한 행동에서 나오는 약점들이 필자 자신에게도 있음을 깨닫고 있다. 필자도 자신뿐만 아니라 다른 사람들까지 증오하거나 학대할 수 있고 인생의 쾌락을 맛보기 위해 잘못된 길을 갈 수도 있다.

예를 들면, 마약 탐닉이나 난잡한 성생활, 여러 가지 환각제나 향정신성 의약품을 흡입(복용, 주입)하는 것 등이 그것이다. 자신의 연약함을 많이 접하면 접할수록 다른 사람의 연약함도 더 잘 이해할 수 있게 되는 것이다. 필자는 내가 경험한 근본적인 갈망과 똑같은 것들이 다른 사람에게도 있음을 확신한다. 그리고 사람들의 유약함에 전혀 거슬려 하지 않으시는 예수 그리스도의 평안하고 넓으신 품성을 존경한다. 베드로는 예수 그리스도를 세 번씩이나 부인했지만, 그분은 그를 용서하고 받아들이셨다.

그러므로 만약 로니처럼 어떤 사람이 필자에게 강한 도덕적 확신을 갖고 문제를 가져온다면 먼저 자신이 이 사람과 그의 문제를 해결하는 데 있어서 객관성을 유지할 수 있는가를 살펴보아야 할 것이다. 만약 필자가 어렸을 때 성적으로 학대를 받고 자랐다면 자신의 아이를 성적으로 학대하는 내담자의 말에 주의를 기울일 수 있겠는가? 필자가 감정적으로 이러한 상황을 너무 잘 알고 있기 때문에 이 문제를 해결하는 데 도움이 될 수 없을 것인가? 또는 학대를 받고 성장한 적은 없지만, 어린이 학대에 대해 윤리적 분개를 느낀다면 이런 문제를 가진 내담자의 이야기에 귀를 기울일 수 있겠는가? 또 동정심을 갖고 그 사람을 비판하지 않으면서 대할 수 있겠는가?

먼저, 상담자는 내담자의 도덕 수준이 상담자와 같지 않다는 것, 그리고 대화를 나누면서 자신과는 다른 결론을 내릴 수도 있다는 것을 받아들여야 한다. 그렇게 하고 나서야 상담을 하면서 내담자와 자신의 두 가지 견해를 모두 받아들일 수 있는 것이다. 대체적으로 필자는 문제를 안고 있는 내담자를 열린 마음으로 대하려고 노력한다. 필자는 사람이 행동하는데 있어서 초석이 되는 이성과 고통과 부끄러움 등의 감정으로 인해 비판적이지 않은 겸손한 태도와 예수 그리스도께서 가지셨던 자세를 배우게 된다. 그러나 때때로 (이런 경우는 매우 드물지만), 누군가가 윤리적 문제를 갖고와서 강력히 반대한다면 객관성을 유지하고 비판적으로 되지 않으려는 것이 불가능할 경우도 있을 것이다. 그런 경우에 필자는 간단히 내담자에게 솔직하게 나는 이 문제를 해결하는데 적합한 사람이 아니라고 말하고 그를 좀 더 효과적으로 도와줄 수 있는 사람에게 보낸다.

도전

그러므로 상담자는 예수 그리스도의 예를 통해서도 알 수 있듯이 우리가 알고 있는 사람이든 모르는 사람이든 그들을 있는 그대로 보아야 한다.

필자의 동료인 탐(Tom)은 대도시의 큰 병원에서 에이즈(AIDS, 후천성 면역 결핍증) 상담소를 맡고 있는 예수회 목사이다.

그는 몇 년 전에 국제 AIDS(후천성 면역결핍증) 협회로부터 목사나 다른 상담자들을 위한 연수회에서 강연을 하도록 초대를 받은 적이 있다. 탐은 그의 환자 중에 가장 생기발랄한 환자에게 질문을 하기로 결정했다. 루푸스 (Rufus)는 40세가량의 흑인 남자인데 정맥에 마약 주사를 계속해서 맞아왔으며 대부분의 일생을 길거리에서 보냈다. 그는 AIDS 말기환자로서 병원 침대에 누워 죽어가고 있었다. 탐은 연수회에 참석할 예정이어서 다시는 루푸스의 살아있는 모습을 볼 수 없을 지도 모른다고 말했다. 그러나 탐은 루프스에게 그의 정직함과 지각이 있음을 감사하게 생각하며 자신이 찾아온 이유는 그로부터 조언을 얻기 위함이라고 말했다. 그는 "루푸스 씨, 만약 당신이 AIDS 환자들을 위해 봉사하는 목사들과 상담자들에게 도움이 되는 한마디의 조언을 한다면 어떤 말을 하고 싶습니까?"라고 물었다.

루푸스는 탐의 손을 꽉 붙잡고는 눈물이 글썽이는 눈으로 그를 쳐다보면서 "그들에게 신실하라고만 하십시오." 반복해서 "선생님, 그들에게 신실하라고만 하십시오."라고 말했다.

3장

상담의 실제:
비언어적 의사소통

상담의 실제:
비언어적 의사소통

　오늘날 대화의 많은 부분은 비언어적으로 이루어지고 있다. 예를 들어 우리는 친구나 배우자 또는 가족들의 얼굴 표정이 무엇을 말하는지 즉시 간파할 수 있다. 그들이 적대적이거나 슬프거나 아니면, 원기 왕성할 때 말을 안 하더라도 그들의 비언어적인 신호를 통해 이러한 감정들을 간파할 수 있다. 상담자가 어떻게 하면 내담자에게서 이러한 정서들을 찾아내고 분석할 수 있는지에 대해서 곧 논의해 볼 것이다. 먼저 상담자는 자신이 내담자의 말에 주의를 기울이고 관심이 있다는 표시를 어떻게 나타낼 수 있는지를 연구할 필요가 있다.

적극적인 경청

여기에 효과적인 경청을 위한 다섯 가지 비결을 제시한다.

① 내담자의 눈을 주시해야 한다. 무관심하다는 인상을 줄 수 있으므로 아래를 쳐다보거나 먼 곳을 쳐다보지 말아야 한다. 내담자는 상담자의 눈에서 나오는 활기를 통해 계속 이야기를 할 수 있는 것이다. 이 경우는 특히 여러 사람이 모였을 때에 해당된다.

② 만약 상담자가 앉아 있다면 내담자 쪽으로 약간 몸을 굽혀 앉는 것이 좋다. 적극적인 경청은 로저스가 말한 것처럼 지루하면서도 힘든 일이다. 그것은 잘 듣는 것도 포함하

지만 잘 듣고 있다는 것을 내담자가 알게 하는 것도 포함하는 것이다. 만약 상담자가 의자에 기댄 채 축 늘어져 있으면 내담자에게 무관심하다는 인상을 줄 것이다.

③ 때때로 고개를 끄덕이거나 "오호", "그렇지" 혹은, "음"과 같은 소리를 내어야 한다. 이것을 '단음절 반응'이라고 하는데 이러한 표현은 상담자가 내담자에게 정말로 잘 경청하고 있다는 것을 무의식적으로 확신시켜준다.

④ 상담자는 충격이나 혐오, 비판, 조소 또는 냉소 따위의 감정들을 겉으로 드러내어 내담자가 느끼게 해서는 안 된다. 따라서 그저 내담자의 이야기를 진지하게 듣고 있다는 얼굴 표정을 일관되게 유지해야 한다.

⑤ 내담자를 조금이라도 귀찮게 하는 일은 그들의 마음을 혼란하게 할 수도 있으므로 삼가야 한다. 껌을 씹는다거나, 귀를 만지작거리는 것, 낙서를 한다거나, 펜을 두드리는 것 또는 다리를 떠는 것들은 좋지 못한 습관들이다. 때

때로 필자는 무의식중에 턱수염을 만지는 경우가 있는데 이런 습관들이 발견되면 즉시 고쳐야 한다.

또한 상담자는 내담자가 하는 말에 배어 있는 감정을 읽기 위해 주의해서 들을 필요가 있다. 어떤 사람이 상담자에게 "아니오, 저는 우울하지 않습니다." "저는 혼란스럽지 않습니다." 또는 "저는 그녀에게 분노하고 있지 않습니다."라고 말은 하지만 그의 목소리의 억양이나 상담자에게 비치는 그의 모습(심리학자들이 사용하는 용어로 '정서')은 정반대일 수도 있는 것이다.

필자는 내담자가 자신의 감정에 정반대의 입장을 고수하더라도, 그가 지금 어떠한 기분일까에 대해 알기 위해서는 상담자의 본능적 감각에 맡기라고 충고하고 싶다. 사람들은 종종 그들이 정말로 느끼는 감정이 무엇인지 인식하지 못하는 경우가 있는데 바로 이러한 이유 때문에 자신의 실제 감정을 찾으려고 상담을 요청하는 것이다. 내담자가 이야기를 할 때 상담자는 그와 함께 있다는 것을 느끼도록 다음과 같이 확인하는 질문들을 하는 것이 중요하다.

"그가 정말로 그런 말을 했단 말이죠?"

"이것이 당신과 그의 첫 번째 만남이란 말이죠?"

"그래서 이런 감정을 강하게 느낀단 말인가요?"

내담자의 말을 방해하지 않는 한도 내에서 중간중간에 던지는 이러한 질문들은 내담자에게 '상담자가 정말로 열심히 나의 말을 듣고 있구나' 라는 확신을 준다.

일관된 초점

바쁜 이 세상에서 상담자가 내담자에게 줄 수 있는 가장 아름다운 선물 가운데 하나는 끊임없는 관심이다. 오늘날 많은 사람들이 자신의 이야기를 들어주거나, 자신을 이해하려고 하는 사람이 없다고 생각하기 때문에 감정적으로 고통을 겪고 있다. 훌륭한 상담자들은 내담자가 찾아올 때 다른 방해물들을 없애기 위해 과감한 시도를 한다. 만약 상담자가 내담자를 앞에 두고 지나가는 사람과 이야기하듯 대화를 하고, 전화를 받거나, 어떤 일을 계속하고, 심지어는 책상 위에서 무엇인가를 쓰고 있다면 내담자는 상담자가 자신이 하는 이야기에 전혀 관심이 없다고 생각하게 될 것이다. 상담자는 항상 내담자가 하는 말에 집중할 수 있어야 하며 그렇게 할 수 있는 여건을 조성해야 한다. 때때로 사람들은 고민거리를 드러내면서 상담을 저해하는 분노를 일으키기도 한다.

필자는 한 젊은 여성이 자신과 시어머니 사이의 갈등에 대해서 이야기한 것을 기억하고 있다. 그녀는 고부간의 갈등으로 인해 크리스마스 때 어떻게 가족 축제를 계획할 것인지 결정을 내리지 못하고 있었다. 그러나 그녀는 곧 자기의 남편이 얼마나 극진히 어머니를 모시는지에 대해서 이야기를 하기 시작했고, 더 지나자 여름에 남편과 시어머니가 그녀를 찾아와서 여러 가지 일들을 즐기며 휴가를 보내는 일 등 초점에 빗나가는 화제를 말하기 시작했다.

필자는 그녀에게 화제의 초점을 다시 한 번 상기시킬 필요성을 느꼈고 부드럽게 다음과 같이 말했다. "하지만 당신은 시어머니와 해결해야 할 문제가 있지 않습니까? 그런 휴일을 계속해서 즐기려면 먼저 문제를 해결해야만 할 것 같은데요, 그렇지 않습니까?"

필자는 사람들이 두 가지의 이유 때문에 대화를 하는 도중에 분노를 일으킨다고 생각한다. 어떤 사람들은 직선적 사고방식을 지니지 않았기 때문에 ABC 세 단계의 직선상으로 이루어진 실제 현실을 깨닫지 못한다. 그렇다고 이들이 덜 논리적이라는 것은 아니다. 그들은 자신의 사고 과정이 상세하다는 것에 스스로 만족감을 느끼는 것을 지양하며 색다른 자신만의 사고 접근 방식을 취한다.

또한 다른 사람들이 대수롭지 않게 발설하는 말이라도 그들은 들은 말에 쉽게 열중하곤 한다. 또 어떤 사람은 자기 방어책으로서 대화의 최고조에 이른다. 때때로 사람들은 자신의 사적인 일이나 혼란스러운 문제들을 다른 사람에게 털어놓게 되는데 이렇게 고민거리를 다 발설한 후에 얼마 안 있어 자신이 대담하게 그런 이야기들을 했다는 사실에 놀라는 경우가 많이 있다. 따라서 많은 사람들은 이런 모험을 하거나 고통스러운 감정을 나타내기보다는 좀 더 안전하고 덜 위험하며 자신의 마음과 경청자의 마음을 다른 곳으로 돌릴 수 있는 화제를 찾게 되는 것이다. 그러나 문제를 해결하기 위해서는 상담의 초점을 일관되게 유지할 필요가 있다. 따라서 내담자의 진술이 횡설수설해지면 상담자는 내담자가 갖고 있는 이야기의 초점을 다시 한 번 상기시켜 줄 필요가 있다. 예민한 상담자는 이야기가 횡설수설해지는 이유가 무엇인지 알아차릴 것이다.

응답하는 기술

지금까지 우리는 비언어적으로 또는 간단한 진술이나 질문을 통해 상담자가 내담자의 이야기를 잘 듣고 있음을 알려주는 간단한 방법을 살펴보았다. 그러나 이러한 응답 기술을 좀 더 자세히 살펴볼 필요가 있다. 상담자는 내담자로 하여금 자신의 모습을 비추어 볼 수 있도록 거울과 같은 작용을 한다. 어떻게 그럴 수 있을까? 내담자는 혼란스럽고 고통을 느끼고 있는 정서들을 말로 표현하려는 시도를 함으로써 고통들을 줄일 수 있다. 내담자는 상담자에게 언어로 자신의 고민을 표현하고, 털어놓게 되는 것이다. 상담자는 능동적이고 적극적인 경청을 통해서 내담자가 자신의 말에 주의를 기울일 수 있는 기회를 주는 것이 되고, 어떤 면에서 내담자의 모습을 거울에 반사시켜 주는 것처럼 그 자신의 문제를 바로 볼 수 있게 투사시켜 주는 것이다. 그리고 이런 문제가 내담자에게 투사될 때 그 문제를 더 명확하게 살펴볼 수 있게 된다. 내담자는 자신의 인생을 선택하기 위해서 이렇게 문제를 명확히 해 둘 필요가 있는 것이다.

때때로 사람들은 너무 혼란스러워서 다음과 같이 말한다. "저는 당신과 대화를 나누고 싶어요. 하지만 어디서부터 말해야 할지 모르겠어요." 그러면 필자는 어디서부터든 상관없다고 말한다. 사실 어디서부터 이야기를 시작하든 그것은 그리 중요한 문제가 되지 않는다. 그러나 필자는 내담자가 이야기를 시작할 수 없고 심지어 다른 사람이 들을 수 있도록 자신의 감정을 말로 표현하지 못하면 결코 자신이 무엇을 해야 할지 명확하게 알 수 없을 것이라고 덧붙여 말한다. 혼자만의 힘으로 삼림지대를 빠져나올 수 있고 자신의 문제를 다른 사람의 도움 없이 자신만의 정신력으로 해결할 수 있다는 고지식한 생각은 잘못된 견해이다.

일단 내담자가 상담자에게 자신의 고민거리를 말하면 그가 말한 것들을 요약해야 한다. 그렇게 간결한 응답은 상대방에게 상담자는 그가 말하는 것을 주의 깊게 듣고 있다는 것을 알게 해 주며 고민거리들을 명확히 하는 데 도움이 된다. 이것이 바로 상담의 목표이다. 또한 간결한 응답은 내담자가 분노를 일으키지 않게 하는 데도 도움이 된다. 상담자는 다음과 같이 요약할 수 있다.

① 내담자가 말한 내용
② 그 내용의 밑바닥에 깔린 내담자의 심리 상태

우선은 상담의 내용을 요약해야 한다. 다음으로 내담자의 저변에 깔린 심리상태를 기록해야 한다. 여기 한 예가 있다.

내담자: "저는 오늘 새벽 4시에 잠이 깼는데 다시 잠을 이룰 수가 없었어요. 그래서 5시쯤에 자리에서 일어났는데 제가 기르는 개가 밤사이 귀가 찢어져서 수의사한테 데리고 갔어요. 이 일 때문에 지각을 했는데 제 상사는 이해를 못하더라고요. 그런데 무엇보다도 잘못된 것은 도시락을 가져가는 것을 깜빡 잊어버려서 하루 종일 굶어야 했다는 거예요."

응답 ① (내용 요약)

: "당신은 오늘 정말 고달프고, 힘이 없는 하루를 보내신 것 같군요."

응답 ② (심리 상태 요약)

: "당신은 오늘 매우 기분이 언짢았겠습니다."

여기에 또 다른 응답의 예가 있다.

> 내담자: "제가 합격한 두 대학이 모두 마음에 들어요. 한 곳은 정확히 제가 원하는 학과예요. 그렇지만 다른 한 곳에서는 많은 장학금을 탈 수 있는 곳이에요. 제 부모님은 저보고 어느 대학을 가라고 압력을 주지는 않았어요. 하지만 저의 가장 친한 친구는 한 대학에만 붙었거든요."

응답 ① (내용 요약)

: "두 대학이 나름대로의 이점이 있기 때문에 고민에 빠지셨겠군요."

응답 ② (심리 상태 요약)

: "당신은 어떻게 결정을 내릴지 무척 고민하셨겠군요."

여기서 첫 번째 반응은 사건의 정황에 대한 요약인 반면에 두 번째 반응은 감정의 요약이라는 것을 알 수 있다. 이 두 가지 반응은 모두 중요하다. 그러나 이 두 가지 중에 감정 요약은 내담자의 마음을 읽는 것이기 때문에 훨씬 더 중요하다. 비록 상담자가 내담자의 감정 상태를 명백하게 알 수 있다고 하더라도 종종 내담자 자신은 스스로 어떠한 감정 상태인지를 잘 모를 때가 있다는 것을 기억해야 한다. 만약 상담자가 적대감, 좌절, 분노, 슬픔, 절망이나 풍족감, 행복에 대한 절박한 기대감 등등 내담자에게서 어떤 종류의 감정이라도 느끼게 될 때 이러한 감정 요약을 대화하는 어떤 순간에 내담자에게 말하고 싶을 것이다.

상담자가 내담자의 감정을 편안하게 알려주기 위해서는 좀 더 주의 깊은 경청이 필요하다. 훌륭한 상담자가 되기 위해서는 친한 친구와 한가지 화제를 설정해 놓고 위의 두 가지 형태의 반응을 연습하는 것이 필요할 것이다. 여기에 화제에 대한 몇 가지 감정 요약의 형태가 제시되어 있다.

"그래서 당신은 지금… 라고 말씀하고 있으시군요."

"당신은 지금… 을 느끼고 있겠군요."

"다시 말해서 지금 말씀하고 계신 것은 당신이… 이러저러하다는 것이지요?"

"제가 들은 바로는…"

"간단하게 말해서 문제는… 것이지요?"

다시 말해서 상담자는 내담자가 자신의 문제를 알 수 있도록 비춰 주는 거울의 역할을 어떻게 할 것인지 살펴볼 수 있어야 한다는 것이다.

현대 사회는 감정을 중요시하지 않는 경향이 있다. 우리는 감성보다는 이성에 더 높은 가치를 두는 경향이 있고 어렸을 때 감정을 종종 하찮게 여길 때가 많이 있었다. 어렸을 때 우리는 조급함이나 성냄, 적대감 등이 나쁜 감정이며, 착한 아이라면 어떠한 경우라도 그런 표현을 해서는 안 된다고 배웠을지도 모른다. 남성들은 두려움이나 유약함과 같은 비 남성적인 감정들을 표현해서는 안 된다고 배웠을지도 모른다.

어떤 사람들은 기독교 신앙이 성냄이나 증오와 같은 부정적 감정의 표현을 금지시킨다고 믿는다. 우리는 종종 자신의 감정을 있는 그대로 받아들이지 못하고, 부인하고, 왜곡하거나 억제하고 있다. 이처럼 자신의 감정을 숨김으로써 감정의 혼돈과 걱정들이 발생되는 것이다.

상담자로서 목회자들은 내담자인 교인들의 감정을 부정

확하게 읽을 수도 있다. 이런 실수는 그리 걱정할 만한 것은 아니다.

예를 들어서 상담자가 "당신은 매우 질투심이 강하군요."라고 말했는데 내담자는 "글쎄요, 저는 질투심이 강하기보다는 상처를 많이 받은 것 같은데요."라고 대답할 수도 있다. 또는 상담자가 "당신은 매우 우울한 것 같군요."라고 말했는데 내담자는 "아니에요, 저는 전혀 우울하지 않습니다. 저는 지금 기운이 막 솟구치는 것 같은데요."라고 말할 수도 있다.

이미 잘 알려진 바와 같이 상담자가 요약한 것을 수정하면서 내담자는 자신의 감정을 더욱 명확히 확인하게 된다.

따라서 감정을 오인하는 일은 제대로 인식하는 일 못지않게 중요하다. 그러므로 상담자의 관찰을 수정하는 것에 대해 번민해서는 안 된다. 상담자는 들은 내용을 정확하게 요약해야 한다. 물론, 때때로 내담자는 그것이 자신의 정확한 감정 상태가 아니라고 부인할지도 모른다. 그렇다면 확실히 그것은 그들의 문제이다.

상담자가 내담자의 감정을 인식할 때 할 수 있는 한, 매우 정확하게 판단하려고 노력해야 한다. 감정을 나타내는 단어들 중에 미묘한 차이가 있는 것들이 많이 있다. 예를 들면, 다음의 각 단어들은 근본적인 인간의 같은 감정을 전달하기는 하지만 의미상 아주 근소한 차이가 있다.

성화	두려움	슬픔	기쁨
격노한	무서워하는	의기 소침한	원기 왕성한
역정을 잘 내는	걱정하는	빈약한	낙관적인
폭발적인	소름끼치는	처량한	훌륭한
몹시 꾸짖는	초조한	침울한	기쁜

상담자는 한 번쯤 시간을 갖고 위의 네 가지 대표적인 감정들에 적합한 단어들을 생각해 본 적이 있을지도 모른다. 이러한 노력은 상담자가 느낀 감정들을 적합한 단어, 혹은 그에 가까운 단어로써 표현하는 데 도움이 될 것이다.

분노 분석

분노 분석

 앞에서도 언급한 바와 같이 상담을 하면서 상담자는 내담자와 더불어 성장하게 된다. 많은 기독교인들이 노여움의 감정으로 고민하게 되는데 이것에 대하여 한 번 살펴보자. 인간의 내면 상태를 나타내는 감정에 대해서 상담자가 먼저 알아야 할 것은 내담자의 감정 그 자체는 옳은 것도 아니며 그릇된 것도 아니라는 것이다.

 만약 필자에게 증오심이나 질투심, 복수심 따위의 감정

이 든다면 적어도 그러한 감정을 필자 자신은 시인할 것이다. 옳은지 그른지 따위의 도덕성은 그러한 감정을 갖고 필자가 행하는 일에 적용되는 것이다. 감정적으로 행하느냐 그렇지 않느냐 하는 것은 자신에게 그러한 감정이 있느냐 없느냐를 시인하는 문제와는 별개의 것이다.

우리는 어릴 때 부모로부터 자주 화를 나타내는 상황에 대해서 야단을 맞거나 질책을 받은 일이 있을 것이다. 어린 아이들이 나쁜 행동을 해서 그에 대한 처벌을 받았을 경우에 종종 분노를 나타낼 때가 있는데 이때 그들은 두 가지 일을 혼동하고 있을 수 있다. 즉, 어느 행동이 나쁘냐는 것이다. 그들이 한 행동이 나쁘냐 아니면 처벌을 받고 난 후에 그들이 느끼는 분노가 나쁘냐는 것이다.

또한 우리들 대부분은 분노를 나타내는 것이 나쁘다고 생각하고 분노를 나타냈을 때 죄책감을 느끼면서 성장했다. 어떤 아이들은 애써서 자신의 분노를 억누르려고 노력한다. 이러한 억압과 억제는 오히려 우울감을 유발시킬 수 있다. 가족을 비롯해서 사회는 순응적이고 예의 바른 태도를 요구하기 때문에 자신의 분노를 인정하지 않고, 또 자신의 분노를 정당하게 표현하지 못하는 것은 불행한 일이다. 만일 어떤 여성이 우리에게 분노를 나타내는 모습을 보면, 우리는 '그녀가 나를 싫어한다' 아니면 '좋아한다' 등의 이분법적인 해석을 함으로써 분노에 대한 문제를 혼동하게 된다.

상담자는 내담자의 분노에 적절하게 대처할 줄 알아야 한다. 상담자는 분노가 치밀어 오르는 일이 생기는 어떤 경우에도 자신의 감정을 잘 다스리는 것이 중요하다. 상담자가 얼마나 자신의 감정을 잘 다스리는지 아래의 보기로서 점검하기를 바란다.

분노 점검

다음의 질문에 "예" 혹은, "아니오"로 답해야 한다.
㉠ 당신은 분노가 발생했다는 것을 자신과 다른 사람에게 인정할 수 있는가?
㉡ 당신은 의도한 대로 어떤 사람에게 분노를 낼 수 있

는가?

ⓒ 당신은 악의를 품지 않을 수 있는가?

ⓔ 당신은 분노가 발생할 때 참기보다는 즉시 감정을 표출하는가?

ⓜ 당신은 다른 사람이 당신과는 다른 생각을 갖고 있을 때 침착하게 당신의 생각을 표현할 수 있는가?

ⓗ 당신은 어떤 사람에게 분노가 발생할 때 때려 주고 싶은 마음을 억제할 수 있는가?

ⓢ 당신은 기독교인으로서 분노를 나타내는 것이 괜찮다고 생각하는가?

ⓞ 당신은 분노가 정상적인 인간의 감정이라고 생각하는가?

ⓩ 당신은 정당한 분노를 나타낸 다음에 죄책감을 느끼는가?

ⓒ 당신의 인생에서 우울감은 흔한 감정인가?

만약 당신이 위의 질문에 "아니오"를 한 번 이상 더 대답했다면 적절한 분노 표출의 문제를 갖고 있는 것이다. 분노를 다스릴 때 정신건강을 위해서 다음과 같은 기본적인 규칙들을 지켜야 한다.

㉠ 당신은 분노가 발생했다는 사실을 인정해야 한다. 이러한 정직성은 문제해결에 아주 중요하다.

㉡ 분노가 발생했을 때는 합리적인 방법으로 감정을 표현해야 한다.

㉢ 분노를 일으키는 사람에게 분노를 표현하도록 노력해야 한다. 만약 이것이 불가능하면 제 삼자에게 그 감정을 표현하거나 산책, 욕실 바닥을 북북 문지르는 일 따위의 육체적인 활동이나 그 밖에 해소책이 될 만한 다른 운동으로 감정을 완화시켜야 한다.

㉣ 분노를 나타낸 다음에는 그러한 감정이 남아 있지 않도록 해야 한다. 상처받은 감정에 오래 얽매여서는 안 된다.

㉤ 당신과 다른 사람이 함께 기꺼이 주고받을 수 있는 문제의 해결책을 모색해야 한다.

상담을 할 때, 많은 사람들이 분노를 나타내는 것은 잘못된 일이며 비기독교인적인 것이고 예의 바르지 못한 일이라고 생각한다는 것을 명심해야 한다. 상담자는 내담자가 분노를 나타내고 있다는 사실을 알았을 때 그에게 분노가 발생했음을 알려줌으로써 그를 도울 수 있다.

또한 내담자에게 분노를 합리적으로, 적절하게 표현할 수 있고 그가 기꺼이 몇 번의 위험만 무릅쓴다면 인생의 기술을 배울 수 있을 것이라고 말할 수도 있다. 억제된 분노는 앙금처럼 남아있다가 뒤늦게 폭발하게 될 뿐이며, 더 일반적으로 더 우울증에 빠지게 되므로 분노를 표현하는 것이 건강에 좋다고 말할 수도 있다.

오늘날 우리는 고질적인 우울증이 화학적 불균형에 의해 야기되며 투약으로 치료될 수 있다는 사실을 잘 알고 있다(우울증으로 고통을 겪고 있는 사람을 도우려면 더 상세한 내용이 6장에 나와 있다). 그러나 사람들이 우울함을 느끼면서도 그 원인이 어디에 있는지 알지 못하는 일반적인 이유는 분노의 감정을 잘못 다스렸기 때문이다. 분노를 억제하고 부인하며 마음속에 계속 쌓아 두게 되면 우울증에 걸리게 된다. 이것이 바로 분노의 감정을 받아들이고 분노를 잘 다스리는 것이 중요한 이유이다.

질문하기

질문하기

 상담에서 질문을 효과적으로 하는 것은 대단히 중요한 상담기술이라고 할 수 있다. 즉 질문을 어떻게 하느냐에 따라서 답변이 달라지기 때문에 상담자의 질문은 상담의 방향을 결정짓는다고 할 수 있다. 또 내담자의 문제를 파악할 수 있도록 결정적인 도움이 되는 것도 바로 질문이다. 따라서 질문을 하는 중요한 목적은 더 많은 정보를 얻기 위함이라고 할 수 있다. 내담자의 문제에 대한 정확한 지식이 부족하다면 문제에 대응하기 어려운 법이다. 상담자는 내담자의 문제를 둘러싸고 있는 배경 지식을 아는 것이 필요하다. 예를 들면, 어떤 사람이 상담자에게 이혼 문제를 상담하려고 찾아왔다고 할 때 상담자는 그들 부부의 생활사에 대한 어느 정도의 지식을 갖고 있어야 한다.

어떤 사람이 "제 엄마의 남자 친구가 집에 놀러 올 때는 섬뜩한 느낌이 들어요. 저는 그가 갈 때까지 기다릴 수가 없어요."라고 말한다면 상담자는 내담자가 하는 말을 이해하기 위해 더 확실하고 상세한 이야기를 들어야 한다. 상담자는 "그가 당신에게 섬뜩한 느낌을 준다는 말이 무슨 뜻이죠?"라고 물어야 할 것이다. "저, 그는 항상 제 옆에 앉기를 원해요." 상담자는 내담자가 말하려는 상황을 확실하게 파악하기 위해서 그의 행동에 대한 더 많은 조사를 해야 할 것이다.

정보를 수집하기 위한 질문은 내담자가 상담자에게 문제해결에 필요한 정보들을 알려준다는 점에서 적절한 도움이 된다. 그러나 단순한 호기심으로 질문을 하거나 알 필요가 없는 일에 질문을 하는것은 부적절한 것이다. 예를 들어, 그 남자 친구에 대해 "어떤 색의 차를 몰고 다니지요?", "가슴에 털이 났습니까?" 혹은, 자신을 즐겁게 하기 위한 다른 어떤 질문을 하는 것은 상담에 전혀 도움이 되지 않을 뿐만 아니라, 상담의 진정한 수준을 떨어뜨리게 한다.

더 나아가서, "왜"라고 질문을 하는 것을 피해야 한다. 이 말은 상담자가 어떤 것을 설명해 달라는 요구이다. 설명을 하는 것은 자신을 정당화하기 위한 방어이다. 이러한 경향은 특히 "왜"라는 질문을 연속해서 할 때 나타난다.

개방적 질문과 폐쇄적 질문

폐쇄적 질문이란 내담자가 간단히 "예"나 "아니오"로 대답할 수 있는 질문을 말한다. 이러한 질문은 정보를 얻기 위해서 사용되기도 하는데 그다지 도움이 되지는 못한다. 예를 들어 상담자가 내담자에게 "아직도 남편을 사랑하십니까?"라고 묻는다면 그녀는 "예"나 "아니오"로 대답하게 될 것이다. 내담자가 상세히 설명할 수 있는 식으로 질문을 하는 것이 훨씬 효과적이다. 예를 들면, "당신이 남편에 대해 느끼는 감정을 좀 더 자세히 말씀해 주시겠습니까?" 혹은, "서로에게 어떻게 자신의 감정을 표현합니까?"와 같은 질문을 하는 것이 좋다.

상담자의 역할은 기본적으로 내담자가 고민거리(특히 고민으로 인한 감정)를 말로 표현할 수 있도록 도와주는 것이다. 또한 질문은 내담자가 말문을 열도록 하는 가장 구체적인 방법이다. 적절한 질문을 하는 것은 내담자가 고민거리를 상담자와 자신에게 표현하도록 한다. 또한 질문은 내담자가 잘 모를 수도 있는 자신의 감정을 살피는 데 도움이 된다.

훌륭한 상담자가 피해야 할 것

일단 상담자는 내담자가 말문을 열기 시작하고 자신의 문제를 나타내기 시작하면 반응을 나타내는데 주의해야 한다. 상담자는 대화를 나눌 때 다음의 여섯 가지 금지사항에 유의해야 한다.

① 자신에 대한 이야기를 너무 자세하게 하지 말아야 한다.

때때로 상담자는 내담자의 문제를 잘 알고 있을 때(예를 들어 그가 알코올중독에 걸린 배우자의 문제로 고민하고 있는데 마침 상담자의 가족 구성원 가운데 알코올중독에 걸렸던 사람이 있었을 때) 내담자에게 자신의 경험담을 들려주고 싶어하면서, 자신이 어떻게 대처했는지 알려주고 싶어한다. 상담자의 개인적인 경험을 내담자의 문제에 관계시키는 것은 좋은 일이지만 내담자가 상담자의 도움을 절실히 필요로 할 때 너무 자신의 경험을 상세히 이야기하는 것은 좋지 못하다. 상담자는 섣불리 아는 것을 말하려고 하지 말고 확실히 아는 것을 말해야 한다. 그러나 확실히 아는것이라도 간단하게 말하고 즉시 주의를 내담자에게 돌려야 한다.

② 상대방의 감정 표현을 막지 말아야 한다.

만약 내담자가 상담자와 상담을 하면서 말로(또는 비언어적으로) 기쁨, 분노, 슬픔 같은 감정을 표현할 때 그만 하라고 말해서는 안 된다. 소리치도록, 흐느끼도록 내버려두어야 한다. 10대들이 흥분해서 정신을 못 차려도 그대로 내버려두어야 한다. 상담자가 이렇게 반응을 할 때 그것은 상대방에게서 느낀 감정들을 얼마나 잘 받아들이고 있는가를 보여주는 것이다.

③ 상투적인 문구를 사용하지 말아야 한다.

상담자는 내담자에게 어떤 말을 해야 좋을지 모를 때 상투적인 문구로 응답하기 쉽다.

"내일 일은 내일 하세요."

"세월은 좀 먹지 않습니다."

"모래알 같은 많은 날들이 있는데요. 뭐!"

"일을 하는 데는 시간이 걸리기 마련입니다."

"시간이 지나면 상처는 아물게 됩니다."라는 등의 문구는 사용하지 않는 것이 좋다. 이러한 문구를 사용하는 것은 상담자가 노력한 대가도 없이 문제로부터 빗나가게 한다. 또한 이러한 문구들은 상담자가 진정으로 주의 깊게 듣지 않게 만드는 것일 수도 있다. 그리고 더 심각하게 나아가서는 이러한 진부한 표현들은 내담자에게 자신이 느끼는 대로 생각해서는 안 된다고 여기게 한다.

④ 동정을 표하지 말아야 한다.

상담자는 내담자가 문제를 해결하도록 돕기 위해 존재한다. 상담자가 내담자를 돕는 과정에 있어서 내담자가 친한 친구라면 동정을 표할 수도 있겠지만 누군가에게 동정을 표하며 손을 잡는 것은 상담에서 그다지 도움이 되지 못한다. 또한 상담자는 매우 민감하고 공감적인 이해의 태도를 가져야 한다. 그러나 내담자가 자신의 미래를 결정하도록 촉구해야 한다.

⑤ 경고하지 말아야 한다.

상담자는 윤리적 판단가가 아니다. 내담자가 어떤 저주받을만한 행동을 하거나 혹은, 그렇게 하지 않으면 어떻게 될까 하고 극본을 짜지 말아야 한다. 개방적인 질문을 하여서 내담자가 자신을 위한 일을 분명히 말하도록 유도해야 한다. 예를 들면 "집을 떠나서 어떻게 하시려고 합니까? 어디로 가시려고요?"

⑥ 훈계하거나 비난하지 말아야 한다.

내담자나 다른 어떤 사람에게도 비난하는 말을 하지 말아야 한다. 조금이라도 설교하지 말아야 한다. 다시 말하지만 상담자는 내담자의 말을 주의 깊게 들어서 그가 미래의 행복을 위한 선택을 하는 것(심지어 그것이 단순히 고통스러운 현실을 좀 더 편안하게 받아들이는 것에 불과하다 할지라도)을 돕기 위해 존재한다는 것을 명심해야 한다.

이런 여섯가지 금지사항은 문제 해결을 위한 필수 사항이다. 상담자는 "당신은…에 대해서 생각해 보셨습니까?"라는 질문과 같이 비지시적인 질문을 하는 것이 좋다.

"당신은… 해야 합니다."

"내가 당신이라면."

"당신이 해야 할 일은…"과 같은 질문은 피해야 한다. 문제를 분석하는 것은 상담자의 역할이 아니다. 그것은 내담자가 말로 표현함으로써 해결해야 할 일이다. 상담자의 역할은 훌륭한 경청자가 되는 것이다. 그리고 상담자는 지금까지 이 글을 읽어 오면서 효과적인 경청은 많은 수련과 수양을 필요로 하는 진정한 상담기술이라는 것을 깨달았을 것이다.

6장 위기 개입

위기 개입

잠시동안 비지시적 상담자가 되기 위해서 말해왔던 모든 것들을 잊어버리자! 우리가 지금까지 논의해 왔던 대부분의 것들은 시간과 여유를 투자할 만한 가치가 있고 실제 생활에 적용되는 것들이다. 그러나 위기는 그것과 다른 문제이다. 위기는 사람의 심리적 균형을 깨지게 만들고 삶의 고난들에 대처해 나가던 일반적인 방법이 더이상 제대로 통하지 않는 사건(혹은 "지푸라기 하나가 낙타 등을 부러

뜨린다"라는 속담처럼 충격이 누적되는 사건의 연속)이라고 정의할 수 있다. 그래서 위기에 처하게 되면 친구와의 대화도 큰 도움이 되지 않고, 고민을 기도하고 풀어나가려고 하지만 심리적 압박감에서 벗어나기 어렵게 된다.

사람이 위기에 직면하게 되었을 때 상담자가 해야 할 일은 참조할 수 있는 도움을 제공하고 위기에 처한 자가 바르게 판단할 수 있도록 중재자로서의 역할을 하는 것이다. 만약 폭행이나 강도 및 성폭행을 당했거나, 약물 과잉복용 따위의 위기 상황이라면 필자는 그 사람을 응급실이나 성폭행 사건 전문중재소, 피해여성들을 위한 보호소(shelter)에 보낼 것이다. 또 자살 기도의 위기 상황이라면 필자는 먼저 응급처치부터 할 것이다. 여기에 상담자가 위기 상황에 대처할 수 있는 기본적인 몇 단계가 있다.

① 무엇이 일어났는지 인식할 수 있어야 한다.

일어난 사건에 대한 정확한 인식은 상담자가 조치를 취하는데 도움이 된다. 만약 내담자가 희생양이 되었다면 그녀가 상담자에게 어떤 일이 있었는지 말하게 하는 것이 좋다. 왜 그럴까? 그것은 희생자가 풀이 죽어 상처 받기 쉽기 때문이다. 내담자가 힘을 되찾기 위한 첫 번째 단계는 어떤 일이 일어났는지 말로 표현하는 것이다.

② 가장 먼저 해야 할 일을 우선적으로 해야 한다.

병원에 간다거나 경찰을 부르는 일, 부모나 배우자를 부르는 일, 피를 멈추게 하는 일 따위가 그런 일이다.

③ 침착해야 한다.

상담자 자신의 감정적인 반응을 자제함으로써 위기를 완화시켜야 한다.

④ 다른 상담자에게 의뢰할 수 있어야 한다.

내담자가 위기를 넘긴 후에 적당한 심리적인 도움을 얻을 수 있도록 전문상담자에게 의뢰할 수도 있어야 한다(예를 들어, 성폭행 전문 상담자, 자살 상담자, 약물을 끊고 원래의 건강을 회복하기 위한 프로그램 등등). 비록 내담자가 즉시 도움을 찾지는 못하더라도 상담자는 적어도 그에게 참고할 만한 것을 제공할 수 있다. 상담자가 이러한 위기 상황에 대비 해서 무엇이 참고할 만하고 어디에 도움이 될지 미리 알아야겠다는 것은 매우 훌륭한 생각이다.

특별히 살펴보아야 하는 문제

① 성폭행

대부분의 성폭행 희생자들은 젊은 여성들인데 그들 중 대부분은 범인이 누구인지를 알고 있다. 사실, 성폭행은 유감스럽게도 우리 사회에서 매우 흔한 사건이다. 그것은 단순히 성관계를 가지려고 다른 사람에게 폭행을 가하는 것이다. 희생양이 되었다는 부끄러움이 이러한 위기를 특별히 더 어려운 사건으로 만들게 한다. 심리적 측면에서 원상태로 회복하려면 여러 해가 걸린다. 비전문적인 상담자로서, 필자는 물론 비전문적 상담자에게 희생자가 다시 힘을 찾을 수 있도록 격려하고 의지할만한 모임, 상담 및 심리치료자나 이러한 문제를 전문으로 다루는 치료소를 찾아가

볼 수 있도록 격려하라고 말하고 싶다.

② 슬픔과 상실

우리는 인생을 살아가면서 여러 가지 상실을 경험할 수 있다. 직장을 잃는 것, 새로운 곳으로 이사를 가는 일, 우리의 10대 아이들이 대학에 입학해서 다른 지방으로 유학하는 일 등 상실에는 여러가지 변화가 따르기 마련이다. 모든 상실은 제각기 슬픔의 독특한 형태를 가져다주고 우리는 새로운 삶에 적응하기 위해 수고를 해야 한다.

여러 면에서 인생은 끊임없이 새로운 풍경을 자아내는 기차와도 같다. 그러나 우리들의 대부분은 끊임없이 하나의 순간포착 촬영 사진이나 단편적인 장면에 더 집착하는 경향이 있다. 인생은 변화하는 것이다. 상담자의 역할은 사람들이 그 변화를 인정하도록 돕는 것이다.

상실의 가장 심각한 형태는 우리가 사랑하던 사람의 죽음이다(부모, 배우자, 자식, 친한 친구 등이다). 20년 이상의 치료 경력을 가진 정신과 의사 토마스 홈스(Thomas H. Holmes)와 워싱턴 의과대학의 리차드 라(Richard Rahe)

교수는 그중에서 배우자의 죽음을 가장 고통스러운 것으로 보고 있다.

상담자로서 슬퍼하는 내담자를 위해서 할 수 있는 일은 사실상 어깨를 기대어 울 수 있고 의지할 만한 사람이 되는 것 이외에는 별로 없다. 실제적으로 슬퍼하는 내담자를 돕는 데 있어서 근본적인 목표는 그들을 있는 그대로 내버려 두는 것이다. 사람들이 슬픔을 겪는 과정에서 다양한 단계를 거치게 되고 이런 슬픔을 밖으로 표출할만한 정해진 기간이 없다는 것을 깨닫게 하도록 노력해야 한다. 심각한 슬픔은 1년 이내에 끝나야 하며 새로운 삶을 시작해야 한다고 믿는 것은 커다란 오류이다. 슬픔을 끝내야하는 적당한 기간이라는 것은 사실상 없다. 대부분의 사람들은 극도의 슬픈 일을 경험했을 때 그것을 해결하는 데 대략 1년 정도의 시간이 걸린다.

다시 말하면 슬퍼하는 사람을 내버려 두어야 한다는 것이다. 만약 내담자가 병든 아내에 대한 이야기를 길게 늘어 놓는다면 그렇게 하도록 내버려 두는 것이 좋다. 즉 내담자는 상담자가 제시하는 방안에 따라서 기계적으로 행동하기보다는 스스로 생각하여 행동해야 하는 것이다.

③ 성적 학대

유감스럽게도 성적 학대는 우리 사회에서 일반적인 현상 중의 하나이다. 성적으로 아이들을 학대하는 사람은 대개 아이들을 돌볼 의무가 있는 어른들이다. 그러므로 이러한 경험을 당한 아이들은 부끄러움과 두려움으로 인하여 그 사실을 숨기는 경향을 띠게 된다. 만약 한 젊은이가 상담자에게 학대받은 일에 대해서 이야기를 하려면 먼저 그 사람을 신뢰해야 한다.

상담자는 판단을 하려고 하지 말고 즉시 그 사람이 적당한 도움을 얻을 수 있도록 조치를 취해야 한다. 성적 학대로 인한 감정상의 상처는 매우 파괴적이고 오랫동안 지속되는 것이기 때문에 희생자는 오랜 기간의 상담 및 심리치료를 필요로 한다. 그리고 만약 가해자가 상담자에게 비밀을 털어놓는다면 이 심리적 질병에 대해 개인적 판단을 하지 말고 그 사람이 즉시 전문적인 도움을 받을 수 있도록 해야 한다.

④ 난치병

만약 상담자가 난치병(terminal ill)으로 고생하는 사람을 돕고 있다면 그러한 사람들이 투병생활을 하면서 어떤 특별한 단계를 밟고 있다는 것을 명심해야 한다. 그렇다고 그들이 첫 단계부터 두 번째 단계로, 두 번째 단계에서 그다음 단계로, 이렇게 순차적으로 각 단계를 밟아가고 있다는 말은 아니다. 다만 그들의 마음이 부인의 단계에서 인정의 단계로 변화를 거치고 있다는 말이다.

엘리자베스 퀴블러로스(Elizabeth Kubler-Ross)는 자신의 주요한 저서「죽음과 죽어가는 것에 관하여(On Death and Dying)」[6]라는 책에서 이러한 단계를 설명하고 있다. 그녀는 저 사람들은 진단이 매우 확실한 것임에도 불구하고 그것을 부인한다고 말한다. 그다음으로는 (대개 하나님과) 협상을 하기 시작한다. 예를 들면, "하나님께서 이 암을 낫게만 해 주신다면 제가 가진 모든 돈을 불쌍한 사람들에게 나누어주겠습니다."라는 기도가 대표적인 것이라 할 수 있다. 협상을 해서도 안 되면 그때는 분노를 느끼게 되고 그다음에는 체념이나 굴복의 감정이 뒤따른다. 마지막 단계인 인정에서는 내면적인 평안을 찾게 된다. 죽어가는 사람들이 가장 바라는 것은 환자들이 겪는 것과 똑같은 단계에 머무는 것이다. 상담자는 단순히 이러한 사람들에게 동정자로서 서 있을 뿐이며 그들이 부인에서 인정에 이르는 이러한 과정의 어느 단계에 있을지라도 그대로 그들을 내버려 둘 수밖에 없다. 만약 그들이 울고 싶어하고 상담자와 함께 추억 속에 잠기고 싶어한다면 그렇게 해야 한다. 조력자가 되기 위하여 혹은, 아픈 사람을 격려하기 위해 상담자가 그것을 하지 않아야 할 필요는 없다. 상담자가 공감하면서 내담자 곁에 있다는 것, 그 자체로도 충분한 위안이 되는 것이다.

⑤ AIDS(후천성 면역 결핍증)

이런 특별한 불치의 병을 앓고 있는 사람들은 질병으로 인해 몸이 점점 더 쇠약해져 가고 있으며 AIDS 환자에 대한 사회의 편견으로 인해 어려움을 겪고 있다. 사람들은 난잡한 성행위나 약물 복용으로 AIDS에 걸린다고 생각한다. 이러한 생각 때문에 점점 더 AIDS 환자에 대해 부정적인 태도를 취하게 된다. 따라서 AIDS에 걸린 사람들에게는 더 많은 동정과 이해가 필요하다. 교회에 관련된 상담자는 이런 사람들뿐만 아니라 유대 문화로부터 배척받는 사람들과 기꺼이 함께 거하시고 완전하신 구세주 예수 그리스도이다. AIDS 환자와 함께 함으로써 우리는 모든 사람들에게 만민에 대한 예수 그리스도의 크신 사랑을 상기시킬 수 있다.

다시 말해서, 우리는 인체에 면역결핍 바이러스(HIV) 감염에 이르는 어떤 행동에 반대하는 개인적, 도덕적 확신을 가질 수도 있다. 그러나 상담자는 이러한 사람들과의 상호작용에서 판단적이어서는 안 된다. AIDS 환자가 있는 가정에도 보호와 관심이 필요하다. AIDS 환자나 그들을 돌보는 사람들에게 환자들의 건강과 존엄성을 위해 일하며 서로간의 고통을 공유하는 후원회를 찾아가 보도록 권유하고 싶다.

⑥ 이혼

홈스(Holnes)와 라(Rahe)는 배우자의 죽음에 이어 이혼을 두 번째로 고통스러운 외상적 경험이라고 밝히고 있다. 이혼에는 배신감, 고독감과 실패와 같이 다양한 고통스러운 감정들이 포함되어 있다. 실제로 우호적인 이혼은 드문 경우이다. 결혼에 대해 신성한 시각을 갖고 있는 기독교인으로서 부끄러움과 죄책감도 느낄 것이다. 이혼한 부모의 자녀들은 종종 부모의 이혼이 자신 때문이라는 생각(비록 이러한 생각이 터무니없는 것이라 할지라도)으로 죄책감을 느끼고, 이러한 위기는 일시적일 것이라는 잘못된 희망을 가짐과 더불어 타락하게 된다. 이혼은 정말로 모든 사람에게 고통스러운 것이다. 상담자는 고독할 때에 지지와 격려, 동료애를 발할 수 있고 궁극적으로 상처가 곧 치유될 것이라는 약속을 할 수 있을 것이다.

⑦ 다식증(이상 식욕 항진증)

거식증은 남성들에게서도 일어날 수 있지만 대개 여성들에게서 나타난다. 미국에서의 한 조사에 따르면, 18세에서 30세에 이르는 여성들의 10% 이상이 신경성 식욕감퇴나 다식증(多食症)으로 고통을 겪고 있다고 한다. 많은 여성들이 이러한 증세를 비밀로 하고 있음을 감안할 때 이는 매우 놀라운 수치라고 할 수 있다.

다식증은 스스로 구토를 유발하거나 대변을 나오게 하는 하제(下劑)의 사용, 같은 음식을 분투적으로 먹어서 해치우는 식사법에 의해 유발되는 무리한 과식을 포함한 이상 식욕 항진증이다. 거식증이라고도 하는 신경성 식욕 감퇴는 식사하기를 거부하고 자신의 신체 치수를 조정하려는 데에서 나타나는 이상 식욕증이다.

현대 소비사회는 미인의 기준으로서 여성의 가냘픈 몸매를 꼽는다. 자신이 부적당한 신체를 갖고 있기 때문에 친구가 없다고 생각하는 여성은 이상적 여성의 모습을 갖추기 위한 필수요건으로 가냘픈 몸매를 가꿈으로써 자신의 고통을 경감하려고 할 수도 있다.

많은 사람들에게 다식증이나 거식증 등의 이상 식욕증이 번갈아 나타나기도 한다. 이러한 질병은 생명에도 위협을 줄 수 있는 것들이므로 초기 조정이 중요하다. 이상 식욕 항진증에 걸린 환자들은 의학적 도움과 심리적 도움을 동시에 받을 필요가 있다. 혹시 내담자가 이상 식욕 항진증에 걸리지 않았는지 의심이 간다면 내담자에게 적극적으로 질문을 하고 그가 적절한 도움을 받을 수 있도록 주선해야 한다.

⑧ 신체장애로 인한 무능력

아픈 사람은 다른 사람에게 주의를 기울임으로써 그 문제의 정서적 전이로 인한 두려움과 불안 및 공포감을 함께 공유할 수도 있다. 상담자는 내담자의 염려나 불안 및 공포 등 피할 수 없는 심리적 고통으로부터 그들을 구해내야겠다는 신념 없이 상담을 해서는 안 될 것이다. 만약 그의 염려나 불안이 허위로 조작된 것이라면 그때는 물론 그가 진실을 말하도록 해야 한다. 그러나 그의 염려나 불안이 진실이라면 누군가가 자신에게 주의를 갖고 함께 그 감정을 공유한다는 것이 엄청난 위안이 될 것이다.

만약 상담자가 영구적인 무능력에 빠진 한 사람을 돕고 있다면 그가 불치병을 앓고 있는 사람들이 경험하는 것과 똑같은 단계를 경험할 필요가 있다는 것을 깨달아야 한다. 신체적으로 무능력한 사람들을 격려하는 일은 그다지 효과적이지 못하다. 다시 말하지만 도울 수 있는 일은 단지 훌륭한 경청자가 되는 것이다. 무능력한 것이 대수롭지 않다는 식으로 위안해서도 안 될 것이며 무능력에 대해 독점적 동정심을 표해서도 안 될 것이다. 신체장애는 사람들에게 정신적으로 그리고 심리적으로 성장할 수 있는 기회를 준다.

⑨ 자살

자살에는 많은 사회적 통념이 있다. 첫째는 죽음을 한 번도 생각해 본 적이 없는 사람은 자살하지 않는다는 말이 있는데 절대 현혹되지 말아야 한다. 만일 어떤 사람이 매우 우울한 상태이며 자살을 기도할 것 같이 느껴진다면 그에게 "자살로 모든 것이 끝나는 것이 아니다"라는 사실을 분명히 말해야 한다. 또 다른 자살에 대한 통념은 죽기도 작정 한 사람은 죽지 못한다는 것인데, 사실 그렇지가 않다. 그는 무엇을 해야 할지 심리적으로 매우 불안정한 상태일 것이다. 자살하겠다고 큰 소리로 떠벌이는 사람들은 실제적으로 자살하기를 원하는 사람이 아니다. 그들은 단지 지금 당하고 있는 자신의 고통이 멈추기를 원할 뿐이다. 세 번째 통념은 자살에 대해서 이야기하는 사람은 실제로 그렇게 하지 않는다는 것이다. 자살한 사람들 가운데 대부분은 한 가지 이상의 방법으로 자살을 암시 했을 것이다. 종종 이러한 암시가 매우 비지시적이기 때문에 적당한 판단을 하는 데는 장벽이 되는 것이다.

만약 상담자가 자살하려는 사람을 확인하게 되면 다음 단계는 그 사람에게 자살계획을 조심스럽게 물어보는 것이다. 계획이 치밀하면 치밀할수록 그 상황은 점점 더 위험한 것이라고 판단할 수 있다. 상대방의 자살기도 계획을 알았을 때 그것에 대한 비밀을 지키겠다고 상담자는 맹세하지 말아야 한다. 친구를 죽게 내버려두는 것보다 비밀을 누설함으로써 우정에 금이 가더라도 상대방을 구하기 위한 모험을 하는 것이 훨씬 낫기 때문이다. 게다가 자살하려는 의도를 알면서도 상담자 혼자 알고 괴로워하는 것은 상당히 무거운 짐임에 틀림없다.

만약 어떤 여성이 지금 자살하려는 위험에 처해있다면 절대로 그녀를 홀로 내버려두어서는 안 된다. 또한 청소년

이 자살을 하려고 한다면 부모나 그 청소년의 보호자에게 빨리 알려주어야 한다. 상담자는 이런 사람들을 도와줄 수 있는 방법을 적극적으로 모색해야 한다. 이러한 행동은 그 자체로 상담자가 위기에 처한 사람들에게 관심을 쏟고 그들을 헌신적으로 돌보는 것임을 보여주는 것이다.

통계적으로 볼 때, 우리 사회에서 여성은 남성보다 더 많은 자살기도를 한다. 그러나 남성은 치명적인 수단을 사용하기 때문에 자살기도에서 여성보다 더 쉽게 죽음에 이르게 된다. 10대 청소년들의 자살관념 형성이 대개 비현실적이라는 것과 청소년들의 많은 죽음이 술이나 다른 약물 복용으로 인해 일어난다는 사실을 명심해야 한다.

⑩ 우울증

우울증에 걸린 환자를 돕는데 있어서 첫 번째는 그러한 감정을 느끼게 한 순간적인 원인이 있는지 없는지를 살피는 것이다. 만약 있다면 우울증은 최근의 압박감에 대한 매우 정상적인 반응이며 그리 오래 지속되지 않을 것이다. 그러나 우울증이 더 만성적이고, 덜 한정적이며 묘사할 수 없는 것이라면 필자는 그 사람을 의사에게 데리고 갈 것이다. 오늘날 우리는 우울증이 두뇌의 화학적 불균형에 의해 야기되며 약물치료로서 이러한 증세를 치유할 수 있다는 사실을 알고 있다. 이것은 만성적인 우울증을 분석하는데 있어서 첫 번째 단계이다.

분노에 대해 필자가 말했던 것처럼 억제된 분노와 분출되지 않은 적대감은 우울증에 이르게 된다. 많은 사람들이 이런 식으로 성화와 적대감을 억제하고 있다. 이러한 사람들은 인본주의 심리학자 로저스가 말했던 방법으로 그들의 감정을 드러내어 말하도록 할 필요가 있다.

상담자는 직업적인 사람일 수도 있다. 상대방의 심리적인 문제가 너무 심각하다고 느껴지고 상담자가 다루기에는 너무 벅차다고 느껴질 때마다 그 사람에게 전문상담자를 찾도록 권유하는 것이 좋다. 만약 그녀가 그렇게 하지 않는다면 상담자는 다음의 내용 가운데 하나를 선택해야만 한다. 1)그럼에도 불구하고 계속해서 상담해야 한다. 2)상담자의 능력을 벗어나는 일이기 때문에 더이상 도와줄 수 없다고 말한다. 3)그 문제를 어떻게 해결할 것인지에 관하여 다른 전문상담자의 조언을 받는 것이다.

⑪ 낙태

 1985년 통계를 보더라도 미국에서만 1,588,550건의 낙태 수술이 있었다. 현재 그 수는 더욱 증가했을 것이 분명하다. 예수 그리스도께서는 성전에서 돈을 받는 사람들을 질책했던 것처럼 오늘날 낙태를 하는 사람들을 질책하실 것이다. 예수 그리스도께서는 자신의 도덕적 기준을 세울 때에 매우 엄하셨다. 그분은 죄를 비난하셨지만 죄인을 비난하지 않으셨다. 예수 그리스도의 공감, 동정심, 긍휼하심과 인간을 용서하고 인간의 연약함을 그대로 받아들이시는 그분의 넓은 도량은 우리에게 다른 사람의 문제를 도와주면서 부딪치는 모든 장애물을 극복할 수 있는 본보기가 되어준다.

 낙태가 우리 사회에서 성행하고 있기 때문에 낙태를 받은 여성이나 낙태를 옹호하는 여성들을 비판적이지 않은 시각으로 바라볼 수 있는 기독교상담자들이 더 절실히 요구되고 있다. 낙태 수술을 받은 사람들은 죄책감이나 자책감에 빠져 고생을 하게 되며 종종 우울증에 빠지기도 한다. 이런 감정은 끊임없이 사람들을 괴롭힐 것이다.

아크비숍 다니엘 필라지크(Archbishop Daniel E. Pilarczyk)는 그의 저서 「12가지 다루기 힘든 문제들: 교회가 가르치는 것은 무엇이며 왜 그것을 가르치는가(Twelve Tough Issues: What the Church Teaches-and Why)」에서 낙태는 개인의 수준에서는 다루기 힘든 문제라고 밝히고 있다. 그는 "때때로 사람들은 두려움이나 절망감을 느끼는 상태에서 낙태를 결정하게 된다. 그렇기 때문에 올바른 결정을 내리지 못하게 된다. 그러나 그것은 우리에게 기독교인의 사랑과 동정심이 잘못된 선택을 내리지 않는 사람들에게만 보내진다는 것을 일깨워 준다."[7]라고 말했다.

낙태 수술을 받은 여성들을 상담할 때 잘못된 일을 하거나 이기적인 행동을 하는 것에 대해 죄책감을 느끼는 것이 당연한 것이라고 그들에게 일깨워 주어야 한다. 또한 그들에게 죄책감을 느끼는 것은 변화하기 위한, 내일을 위한 새로운 계획을 세우는 데 도움이 된다고 알려주어야 한다. 문제가 해결되면 그들이 교회에 다시 복귀할 수 있도록 격려해야 한다. 상담자는 상담을 하면서 상당수의 내담자들이 그들 내부의 심리적 변화를 받아들이기보다 죄책감에 빠지는 경향이 있다는 것을 알게 될 것이다. 상담자로서의 역할은 내담자가 죄책감에 빠지지 않도록 그들 내부의 심리적 변화를 받아들이도록 돕는 것이다.

⑫ 알코올중독과 기타 약물중독

오늘날 현대 사회는 "탐닉하는 사회"라고도 일컬어진다. 우리 가운데 상당수는 가정의 역기능적인 모습과 성경에 역행하는 충격적인 사건들을 보고 자라왔을지도 모른다. 우리 주변에는 중독에 노출된 사람들이 사실상 많이 있다. 우리 사회에 독버섯처럼 존재하는 것이 바로 중독이며 그 중의 하나가 알코올중독이다. 많은 연구와 관찰 끝에 우리는 알코올중독의 고통스러운 결말과 치유할 수 있는 방법을 알게 되었다. 알코올이나 다른 약물을 남용하는 어떤 사람들은 간단한 결심이나 상담자와의 일대일 면담으로 그러한 것들을 끊을 수 있다. 그러나 중독자들의 대다수는 함께 노력할 수 있는 후원회가 필요하다.

중독의 어떤 단계에서라도 해결의 첫 번째 단계는 문제를 받아들이는 것이다. 중독자 자신이 중독되지 않았다고 부인하는 것은 신뢰할 수 없는 일이고 중독이 어떤 식으로든 자신의 건강을 송두리째 뽑아버릴 때까지 그는 계속해서 부인할 것이다. 그때까지 기다리는 것은 어리석은 일이며 빠르면 빠를수록 좋다. 미국의 한 금주 단체인 Alcoholics Anonymous(AA, 익명의 알코올중독자 치료모임)는 권능적인 대상(혹은 하나님)과 서로에게 의지함으로써 중독에서 벗어나고 싶어하는 사람들을 위한 회복의 12단계 프로그램을 제공하고 있다.

중독에까지는 미치지 않았다 하더라도 중독자에게 감염될 가능성이 있는 이들은 이 프로그램에 대해서 숙고해 보아야 할 것이다. 가족 중 한 사람의 중독에 의해 영향을 받는 가족들을 위한 후원회 및 지지집단도 있다. 익명의 알코올중독자 치료모임(Al-Anon)과 알코올중독자 구제회(Al-Ateen)는 행동으로써 저항하는 능력의 본보기를 효과적으로 보여주는 가족 구성원들을 위한 훌륭한 지지집단이다. Al-Anon은 중독된 사람의 가정을 위해 12단계의 프로그램을 제시하고 있다. Al-Ateen은 알코올중독에 걸린 부모나 형제가 있는 어린아이들을 위한 지지집단이다. 성인-아이 알코올중독자 구제회(ACOA)에서는 알코올중독자가 있는 가정에서 성장하면서 정서적인 상처를 입고 힘들어하는 성인의 고통을 치유하고 있다. 알코올중독이 성인이 된 가족 구성원의 행동양식에 얼마나 많은 악영향을 미치는가에 대한 폐해를 심각하게 인식하는 것이 치료에 많은 도움이 되고 있다.

익명의 마약중독자 치료모임(NA)은 마약에 중독된 사람들을 구제하기 위해서 AA와 비슷한 12단계의 프로그램을 따르는 지지집단이다(NA는 가족 구성원 가운데 이런 마약 중독에 빠진 사람이 있는 가족 구성원에게 도움을 주고 있다). OA는 다식증 환자들을 위한 단체이며, GA는 도박중독에 빠진 사람들을 위한 단체이다. 또 DA는 행려병자들이나 거처가 없고, 의지할 곳이 없는 사람들을 위한 단체이다.

또 SA와 SLAA는 성(性)도착증에 빠진 사람들과 불건전한 사랑에 빠진 사람들을 위한 단체이다. 이러한 단체에서 비밀이 보장되는 것은 아주 중요한 관건이다. 중독을 치료하는 집단은 상호 간의 존경과 신뢰를 통하여 모임이 이루어져야 한다. 이러한 중독자들은 중독 문제나 상호 의존적인 상태를 다루는 목회자에게 훌륭한 참고자료가 될 수 있다. 만날 장소와 시간 등 구체적인 문제에 대해서는 각 집단에서 상황에 따라 결정할 수 있을 것이다.

많은 사람들이 내적으로 성결해지기 위해서 자신의 고민을 털어놓게 되는데 이렇게 함으로써 그 고민이 치유되곤 한다. 상담자는 일대일 개인상담으로 내담자의 고민을 들어주거나 앞서 말한 것처럼 집단상담으로써 고민을 나눌 수도 있다. 여기서 중요한 점은 사람들이 그들의 고통과 내면에 뿌리박힌 고민거리를 간직하지 않도록 격려하고 기독교공동체나 다른 단체에서 봉사하는 사람에게 고민을 털어놓도록 종용하는 것이다.

7장

집단상담

집단상담

　상담자는 때때로 집단 토의에서 사회자나 보조자가 되어 공통된 화제를 다루면서 보편적인 대화를 이끌어 나가야 하는 경우가 있다. 집단상담을 이끌어 나가는데 있어서 필요한 몇 가지 지침을 소개하면 다음과 같다. 이 내용들을 상담자는 자신의 특수한 상황에 맞게 적용시킬 수 있을 것이다.

① 만약 집단에 있는 사람들이 서로를 잘 몰라서 불편함을 느낀다면 각 개인별로 자신의 이름이나 몇 가지 다른 정보를 말하도록 시켜야 한다. 심지어 상담자는 본래의 문제를 다루기 전에 격식을 차리지 않은 대화나 서먹서먹한 분위기를 깨는 행동(ice breaking)으로 회의를 시작할 수도 있다. 구성원들이 긴장감을 풀고 의견을 나누기를 두려워하지 않을 때 대화가 활발히 진행될 수 있기 때문이다.

② 대화가 중단되었을 때 불안해하지 말고 상담자가 먼저 말함으로써 대화를 재개하도록 해야 한다. 침묵은 매우 창조적인 것으로 구성원들이 말을 하도록 은연중에 압력을 가하는 것이다.

③ 가만히 듣기만 하는 구성원이 있어도 그대로 내버려 두어야 한다. 그들은 단지 듣기만 함으로써 많은 것을 얻을 수도 있다. 참여를 격려하는 것은 좋은 행위이며, 부끄러워하는 사람들에게 개방적인 질문을 함으로써 대화를 이끌어 내는 것이 바로 기술이다. 그러나 그러한 사람들이 말을

하도록 결코 강요해서는 안 된다.

④ **상담자는 주도적인 입장에서 물러날 수도 있음을 인식해야 한다.** 다시 말해서, 대화가 상담자의 주도력이 없이도 이루어진다면 그대로 대화가 진행되도록 해야 한다. 집단이 자체적으로 대화를 잘 이끌어 나가는 것은 상담자의 훌륭한 주도력을 의미한다.

⑤ **만약 한 사람이 집단의 대화를 지배해 나간다면 사회자로서 상담자는 대화를 조정하여 다른 사람들에게도 기회를 주도록 해야 한다.**

⑥ **다른 사람이 상담자보다 더 많은 대화를 나누도록 인정해야 한다.** 사회자로서 상담자의 역할은 대화를 나눌 수 있는 분위기를 조성하는 것이다.

⑦ **집단토의를 할 때 감정 표현하는 것을 꺼려하지 말아야 한다.** 만약 어떤 사람이 화가 나서 울기 시작하면 부드

럽게 다독거림으로써 화를 풀어 줄 수 있을 것이다.

⑧ 설정해 놓은 토의 시간을 엄수하는 것이 좋다. 대부분의 상담 및 심리치료사들은 상담 시간을 50분에서 60분 사이로 설정해 놓는다는 것을 알 수 있다. 이렇게 하는 이유 중의 하나는 내담자에게 이야기할 한정된 시간이 아니라 충분한 시간을 주기 위함이다.

우리가 종종 말해야 할 것을 표현하도록 고취되는 데에는 시간 할당이 효과적일 때가 많다. 그리고 충분한 시간이 있다면 유감스럽게도 내담자는 자신의 진실된 고민거리를 마지막 5분까지 계속해서 미뤄 둘 것이다. 이것은 집단토의에서도 마찬가지이다. 만약 집단 구성원들이 토의할 시간이 충분히 있다고 생각하면 그들은 토의를 마무리 지을 수 있을 만큼 충분히 종합적으로 화제를 검토해 보지 않을 수도 있다. 또한 사회자로서 상담자는 대화가 부적절한 방향으로 흐를 때 개입하여 원래의 초점으로 되돌릴 책임이 있다.

8장
칼 로저스 이론의 한계

칼 로저스
이론의 한계

 로저스의 비지시적이고 내담자 중점인 상담접근 방법은 상담의 기술적인 면에서 경험이 부족한 비전문 상담자들에게 상당히 가치 있는 이론이며 방법이다. 그의 이론을 통해 내담자가 우리에게 자신의 고민을 털어놓음으로써 심리적 부담을 감소할 수 있도록 상담 계획을 구상하고, 그 분위기를 조성할 수 있다. 그리고 그러한 과정을 통해서 내담자의 문제를 해결할 수 있는 대안을 마련할 수 있다. 이렇게 되면 그것은 훌륭한 상담경험이 될 것이다.

로저스가 주장한 상담기법에 대한 비평은 이중적이다. 먼저, 어떤 사람들은 그것이 목표한 바가 아니며 내담자가 상담자에게 오랜 기간 동안 의존하려고 할 것이라고 비난한다. 내담자가 자신의 문제를 언어로 표현하고 자신의 감정을 제대로 파악하기 시작하면서 그가 삶의 변화를 추구할 것인지 아니면 그 상태를 고수할 것인지에 관한 문제이다. 그 상태를 고수한다면 내담자는 아무런 변화의 결과도 얻지 못하면서 반복해서 논의만을 계속할 것인가?

상담자는 이것이 상담자와 내담자 모두에게 좋지 못한 상황이라는 것을 깨닫게 될 것이다. 그런 경우에 상담자는 두 가지를 선택할 수 있다. 하나는 내담자가 특별한 혹은 실제적인 결정을 내리도록 하는 것이다. 다른 하나는 상담자가 더이상 도움을 줄 수 없다고 밝히면서 내담자에게 다른 상담전문가를 찾아가라고 말하는 것이다.

이러한 권고로 내담자가 곧바로 자신의 미래를 위한 결정을 내릴 수 있다고는 생각하지 않는다. 필자는 남편과의 관계에 대해서 상담하러 왔던 제인(Jane)을 기억한다. 그녀가 용기와 힘을 내어 변호사를 부르기까지는 여섯 달이 걸렸다. 그러나 필자는 대화를 나누면서 그녀가 마음속으로 불충실한 남편에 대해 조금씩 과감한 결정을 내려가고 있음을 알 수 있었다. 그녀가 필자와 상담한 지 2년째 되는 해나 3년째 되는 해에 필자를 찾아와서 남편의 배신에 대해 슬퍼했다고 가정하자. 그러면 필자는 우리의 대화가 전혀 도움이 되지 않았고 실제적인 행동변화에 도움이 되지 못했다고 생각했을 것이다. 각 경우에 상담자의 본능에 맡기는 개인적인 판단이 필요하다.

필자는 대화의 연속이 내담자가 결론을 내리는 데 도움이 될 것인가 그렇지 못할 것인가를 대개 본능적으로 느꼈으며, 다른 상담자들도 이러한 것을 본능적으로 느끼게 될 것이라고 생각한다. 필자가 제안하고 싶은 것은 문제를 해결하는 데 있어서 상담자의 본능에 맡기라는 것이다.

로저스 이론의 다른 약점은 내담자의 사고 및 행동변화에 대한 충분한 고민을 하지 않게 한다는 것이며, 또 그에게 변화를 일으킬만한 창조적인 힘이 생기지 않는다는 것이다. 이런 힘이 부족한 결과는 우리가 이제까지 논의해왔던 목표가 부족한 결과와 마찬가지이다. 그리고 이러한 경우에 대처하는 상담자의 대책은 목표가 부족한 경우에 대처하는 대책과 마찬가지이다. 내담자로 하여금 행동을 유발할 수 있는 자극제를 생각하게 해야 한다. 예를 들어 상담자가 제인을 상담하고 있다면, 그녀에게 남편과 결혼하지 않았다면 지금 어떠한 생활을 하고 있을지 물어보아야 한다는 것이다. 이런 질문에 답변하기 위한 그녀의 공상이나 백일몽은 변화를 일으킬만한 창조적인 힘의 불꽃을 보여 줄 수도 있다.

요컨대 상담자는 일반상식과 본능을 배제해야 한다는 상담이론에 동조해서는 안 된다는 것을 명심해야 한다. 필자가 1장에서 이미 말했듯이 상담 및 심리치료 전문가들은 상담의 각 분야에서 가장 훌륭하다고 생각되는 이론을 가져와서 절충 및 통합하여 자신의 독특한 이론과 기법을 만들어 사용한다. 상담기법은 분명히 연습을 필요로 하는 기술이다. 상담을 많이 하면 할수록 상담자는 자신의 기술과 기법이 점점 더 늘어감을 알게 될 것이다. 또한 독서는 상담기술을 향상시킬 수 있는 아주 좋은 방법이므로 필자는 상담자에게 간단한 문헌 목록을 제시하였다.

예수의 상담

9장

예수의 상담

 타이제(Taize)에 있는 각 종파 간 그리고 초교파적인 기독교 수도회의 창시자 로저 슈츠(Roger Schultz)는 말하기를 신자들이 모두 예배당을 떠난 뒤 홀로 남아 잠시 기도를 드리는 모습은 다른 어떤 말이나 설교보다도 신앙심을 일깨워 준다고 했다.

 이와 마찬가지로 한 인간으로서 걱정해 주고 염려해 주는 것이 정신의학(psychiatry)이나 심리학(psychology) 학

위를 얻는 것보다도 사람들에게 더 훌륭한 도움을 줄 수 있다. 필자는 상담자들이 책을 읽은 뒤에 자신이 부족하지 않으며 더욱 상담자로서 적합하다고 느끼기를 바란다. 배워 보지도 못한 상담이론들에만 집착하기보다는 상담자가 겪은 경험들과 자신이 갖추고 있는 자질들 중에 도움을 줄 수 있는 것들을 다시 한 번 생각해 보도록 해야 한다.

성경을 펼치고는 '이것이야말로 이상적인 상담자 및 심리치료자로서 예수 그리스도의 모본을 분명하게 제시해 준다'고 말하는 것은 떳떳하지 못한 행동이다. 그러나 예수 그리스도께서는 사람들과 두 가지 태도로 관계를 맺으셨으며 필자가 느끼기에 이것을 통해 예수의 상담접근 방식을 알 수 있다.

반복하여 말하자면, 첫 번째 태도는 비판하지 않는 자세이다. 우물가의 여인이나 간음으로 잡혀 온 여인 그리고 그분을 부인했던 베드로에 대해 예수 그리스도께서는 이러한 태도를 취하셨다. 예수 그리스도께서는 세리들과 함께 식사하셨고, 문둥병자, 소경 그리고 유대 사회에서 천대받는 다른 여러 부류의 사람들과 이야기를 나누셨다. 필자가 복음서를 읽을 때 느끼는 또 다른 예수님의 성격은 예수께서 종종 사람들에게 필요한 것이 무엇인지 질문하셨다는 것이다. 그분께서 시몬의 장모를 도운 때는 그녀의 깊은 신앙을 생각하여 찾아가서 치료해 달라는 부탁을 받은 뒤였다(눅 4:38-39). 그분께서는 그의 앞에 머리를 숙이고 그를 믿었던 문둥병자를 고치셨다(눅 5:12-14).

오늘날에는 먼저 개인의 필요에 대해 질문을 하고 그의 이야기를 들어보지도 못한 채 충고하기에만 급급한 경우가 너무나 흔하다. 훌륭한 경청이 부족한 시대이다. 어떠한 사람들은 말하기를 "우리는 바로 이러한 고정적으로 듣는 경청자를 만나게 해 달라고 기도해야 한다"고 했다. 예수 그리스도께서는 마르다에게 대답하기를 마리아가 예수 그리스도의 곁에 앉아 말씀을 경청하고 있는 동안에 마르다는 너무나 많은 걱정과 근심에 쌓여 있다고 하셨다(눅 10:41-42).

내적 치유의 과정은 당사자의 내면에서 이루어지는 것이므로 상담자는 도움을 주는 사람으로서 이 상담 및 심리 치료를 끊임없이 예수 그리스도께 맡겨야 한다. 어떤 상담자는 내담자와 함께 큰 소리로 기도하는 중에 편안함을 느낄 수 있을 것이다. 상담자와 내담자 모두가 이러한 기도를 통해 편안함을 느낀다면 이것은 더없이 아름다운 순간이다. 그러나 내담자를 위해 자신만의 내용으로 개인적인 기도를 드릴 수도 있다. 첫 부분에서 이미 언급한 바와 같이 내담자를 돕기 위한 여러 기술(skills)과 과정(process)을 실행함으로써 내담자가 문제를 극복하거나 일정한 수준까지 성장, 변화할 수 있도록 도울 수 있다. 그러나 우리의 필요한 사항을 생각하고 인간적인 고귀한 노력을 하기 이전에 우리는 자신과 다른 사람이 내면에 간직하고 있는 문제들을 내담자 속에 거하시는 성령 하나님께 맡겨야 한다.

1) Carl R. Rogers, *Counseling and Psychotherapy*. Boston, MA.: Houghton Mifflin, 1942.

2) Mother Teresa, *Words to Love By Notre Dame* (Indiana: Ave Maria Press, 1983), 47.

3) Blaise Pascal from Penses, Reprinted in Ralph L. Woods, (ed.) *The World Treasury of Religious Quotations* (New York, NY.: Hawthorn Books, Inc., 1966), 424.

4) Nouwen, Henri J. M. *The Wounded Healer: Ministry in Contemporary Society*. Garden City, NY.: Doubleday & Company, Inc., a division of Bantam, Doubleday, Dell Publishing Group, 1972.

5) Terence from *Heautontimoroumenoli*. Reprinted in Dictionary of Quotations. Bergan Evans. *Collected and Arranged and with Comments* (New York, NY.: Delacorte Press, 1968), 329.

6) Elizabeth Kubler-Ross, Elizabeth. *On Death and Dying* (New York, NY.: MacMillan, 1969).

7) Pilarczyk, Daniel E. Archbishop. *Twelve Tough Issues: What the Church Teaches-and Why* (Cincinnati, Ohio: St. Anthony Messenger Press, 1988), 11.

저 자 소 개

요셉 무어

요셉 무어(Joseph Moore)는 20년 이상 청소년 사역과 관련 된 일을 하고 있다. 뉴 잉글랜드 목회컨설턴드(New England Consultants in Ministry)라는 그의 조직에서 십대들의 은사를 개발시키는 사역의 리더로 있어 왔다. 그는 「십대가 당신을 친구, 절친한 사이, 확실한 지지자로 선택했을 때: 성인을 위한 실제적인 조언을 중심으로(When a Teenager Chooses You: as Friend, Confidante, Confirmation Sponsor: Practical Advice for Any Adult)」의 저자이기도 하다.

역 자 소 개

전요섭

전요섭은 성결대학교 대학원에서 상담심리학 및 기독교상담학 전공주임교수로 있으며 성결심리상담연구소 소장으로 사역하고 있다. 저서로는 「심리상담」 등 45권이 있으며, 번역서로는 「위기상담학」을 비롯하여 20여권이 있다. (사)한국가정상담연구소 이사, 대한군상담학회 이사를 비롯하여 한국복음주의상담학회 회장, 실천신학회 회장 등을 역임했으며, KBS 1TV 아침방송 "여성공감"에서 부부문제 해결을 위한 상담전문가 패널로 출연하는 상담전문가이다.

비전문 상담자를 위한 상담학
For The Nonprofessional Counselor Helping Skills

초판인쇄	1995년 10월 20일
2쇄	1996년 12월 20일
수정1판	2010년 03월 22일
지은이	요셉 무어
옮긴이	전요섭
펴낸이	장사경
편집장	강연순
해외마케팅팀장	장미야
마케팅	송석훈, 이현빈, 김학진
편집디자인	김은혜, 송지혜
경영총무	조자숙
펴낸곳	(Grace Publisher) 은혜출판사
출판등록	제 1-618호(1988. 1. 7)

주소 서울 종로구 숭인 2동 178-94
전화 (02)744-4029   **전화** (02)744-6578

ⓒ 2010 Grace Publisher. Printed in Korea
ISBN 978-89-7917-042-9   03230

이 출판물은 저작권법에 의해 보호를 받는 저작물이므로 무단 전재와 무단 복제를 할 수 없습니다.